Once historias de aquel Once

ISBN 0-7414-4079-2

Published by:

INFINITY
PUBLISHING.COM

1094 New DeHaven Street, Suite 100
West Conshohocken, PA 19428-2713
Info@buybooksontheweb.com
www.buybooksontheweb.com
Toll-free (877) BUY BOOK
Local Phone (610) 941-9999
Fax (610) 941-9959

Printed in the United States of America

Printed on Recycled Paper

Published June 2007

A mi padre, por darme oficio

Diseño de la obra: Graphico by Carlos Veloz
Diseño de portada: Graphico by Carlos Veloz
Fotografías: Igor Aizpuru, Juancho Rodríguez, Pablo Scarpellini

ÍNDICE

¿Cómo compaginar la aniquiladora idea de la muerte con éste incontenible afán de vida?

MARIO BENEDETTI

Iris Vale, la paloma que no quiso volar

S e desmorona sólo con escuchar la fecha. Tartamudea
y solloza como un animalillo indefenso y abandona-
do, dejándose caer como con vértigo sobre el mantel de la mesa camilla que tiene junto a la puerta de
la cocina. El 11 de Septiembre le costó dos hijos, planta 101
y 103 de la Torre Norte, Iván y Félix Vale.

Es la primera vez que habla de algo tan doloroso y por eso
lo hace a trompicones, echándose a llorar siete, ocho veces,
las que hagan falta, hasta que deja salir toda la angustia que
lleva dentro.

Iris Vale (Moca, Puerto Rico, 1943) vive en East New
York, Brooklyn, en un barrio humilde y repetido en todas
sus esquinas, con tiendas de interiores oscuros y reuniones de
gentes jóvenes con una media en la cabeza en cada vertiente,
algunas veces rodeando una boca de riego y otras frente a un
cubo metálico con más basura fuera que dentro.

Hay mayoría afroamericana en el barrio, aunque también
muchos puertorriqueños, los boricuas, emigrados desde la
isla e instalados en Nueva York casi desde siempre por haber
nacido con un pasaporte estadounidense bajo el brazo.

Es una casa de madera con porche y un pequeño jardín
trasero, con olor a familia numerosa, llena de fotos en las
paredes y una escalera en la entrada que lleva a las habitaciones.

Dentro el ambiente es denso, una casa habitada por gente
mayor, una hermana impedida en silla de ruedas con una
asistente personal y otro señor que entra y sale intentando
no molestar. Es otro hermano.

Se les ve un tanto derrotados por la vida.

Iris se sienta frente a la mesa camilla, dominada por un

florero sobre un mantel de largas faldas, y ofrece algo de beber. Es una señora dulce de pelo rubio teñido, con buen aspecto a pesar del abatimiento y con un gesto agradable continuo. Se le tuerce cuando escucha la primera pregunta, la sola mención de la cuestión.

—Para mí es como si la vida se me escapara de nuevo —se le entiende en un esfuerzo máximo por acabar la primera frase, entre sollozos—. Perder a mis hijos es como si la mitad de mi vida se me hubiese ido.

Se toma un tiempo para desahogarse sin que haya consuelo posible. En unos segundos surge un drama infinito que contagia por lo triste, y es más fácil unirse a ella que convencerla para que deje de llorar.

La única manera de cortar el mal trago es pegar un salto enorme e intencionado en la entrevista para preguntarle por Félix e Iván, como una distracción a la desesperada.

Dice que Félix, el mayor de los dos con 29 años, era el único que aún no había dejado la casa. Trabajaba en la planta 103 del World Trade Center 1 en la empresa Cantor Fitzgerald como encargado en el área de limpieza. Su hermano pequeño, Iván, también formaba parte de la plantilla de Cantor pero en la sección de informática, conectado a los sistemas del gigante de inversión financiero, la compañía que controlaba cerca del 25 por ciento de todas las operaciones bursátiles en Wall Street.

Esa mañana, Félix le pidió a su madre que le planchase una camisa porque tenía un concierto cerca de la Alcaldía, en el sur de Manhattan. Al parecer, la mujer de Iván le había pedido que fuesen juntos porque su hermano debía quedarse trabajando hasta tarde.

—Hazme el favor mami, perdona que te moleste mami, me dijo, pero quería que le planchase y le ayudase a elegir corbata— cuenta Iris, ahora con ternura y claridad.

Ese día, en vez de ir con ropa de diario, Félix se puso un traje. Casi siempre iba vestido de sport a la oficina, con vaqueros o chinos, pero ese día cambió de idea y se puso un traje.

—Le planché dos camisas. Era bien presumido —recuerda con una leve sonrisa—, y me preguntaba si la corbata le combinaba con el traje. Por supuesto que le dije que estaba muy guapo, muy elegante.

A las 7.30 de la mañana, Félix se despidió de su madre con un beso y un hasta luego.

—Me dijo I'll see you soon, y me pasó la mano por la cara, como queriendo extender el adiós, como si no quisiese irse —dice antes de que vuelvan los sollozos incontenibles, un largo monólogo de lamento.

Su coche se quedó en casa y el joven inició el camino hacia la oficina, que habitualmente le llevaba unos 40 minutos en metro. Hacía el recorrido desde el centro de Brooklyn hasta el sur de Manhattan.

En las alturas ya le esperaba a esas horas su hermano pequeño, que también vivía cerca con su mujer en un apartamento alquilado un año antes.

Félix e Iván Vale formaban parte del turno temprano de la mañana, de los que empezaban antes que el grueso de los 150.000 que habitaban el conjunto de edificios a diario, incluyendo a las hordas de turistas de cada jornada.

Ambos llegaron lo suficientemente temprano como para escuchar y sentir el impacto del vuelo 11 de American

Airlines, que hizo tambalear el edificio diez plantas por debajo de las oficinas de Cantor Fitzgerald.

Otros muchos han descrito lo que sintieron tras el golpe del avión, mas nadie sabe lo que vivieron los dos hermanos puertorriqueños, si intentaron bajar por las escaleras y atravesar el fuego, si saltaron al vacío o si esperaron al derrumbe final con toda la resignación del mundo.

A las 8.46 de la mañana, en el momento en que comenzó todo, Iris caminaba por la calle para dejar a su nieta —hija de José— y a una niña pequeña que llevaba cuidando dos días a modo de empleo temporal.

Después de dejar a las niñas se sintió con ganas de regresar deprisa a casa porque se encontraba mal. La madre de Iván y de Félix es una mujer con problemas respiratorios y que ha estado ingresada varias veces por ataques de nervios. Tuvo la sensación de que se desmayaba y que le faltaba el aire. Entró al baño a vomitar, pero su malestar quedó interrumpido por algo que estaba emitiendo la televisión y que debía ir a ver sin dilación.

Le avisó la asistente de su hermana. Corrió al salón y vio la torre donde trabajaban sus hijos en llamas, el impacto del avión repetido una y otra vez con la constancia de las cadenas en directo.

No puede expresar lo que sintió en aquel momento sin sufrirlo por dentro de nuevo, desecha y sin poder controlarse durante más de un minuto.

—Yo no quise mirar… —tartamudea con la respiración

acelerada, como a un niño a quien acaban de castigar severamente—. Ahí se me fue la vida y no quise mirar. Pensé en mis hijos...

Sigue llorando como si no hubiese fuerza humana capaz de detener su angustia, nada que la consuele, sin opciones de seguir penetrando más allá.

Se hace un silencio enorme y es mejor dejar que se desahogue, hasta que considere que está lista para intentarlo de nuevo.

Dice, al cabo de un rato, que pensó de inmediato que se había quedado sin ellos, casi en el primer instante y sin dejar sitio a la esperanza.

—Cuando vi las imágenes del avión estrellándose contra la torre, se me fue la vida.

—Iván estaba en sistemas y arreglaba las computadoras tanto del 101 como del 103 —comienza de nuevo, tras levantar la vista de la mesa, tranquila, como si su crisis inmensa de hace unos instantes jamás hubiese existido—. Subía y bajaba según le llamaban, con movilidad en distintos pisos. También le llamaban de Washington para atender a una filial.

Félix, el más apegado a su madre, el que no quería dejarla sola aunque ya había anunciado que se casaba y que tenía planes de independizarse en un año, estaba trabajando en unos planos para remodelar las oficinas junto a su equipo. Iba a la universidad después del trabajo, a la Long Island University donde pretendía graduarse de Administración de

Empresas para lograr un mejor puesto, quizá en la misma Cantor Fitzgerald.

José, otro de los hermanos, fue el que contempló como se fundían las carreras de los dos pequeños desde una de las calles cercanas. Empleado en el Nasdaq, donde cotizan los valores tecnológicos, trató de localizar a Iván y a Félix a través de los celulares y de los teléfonos fijos de las oficinas, pero no entraban las llamadas.

En Brooklyn, Iris intentaba la misma operación con el mismo resultado. Jamás pudo volver a hablar con ninguno de los dos. No hubo despedida ni mensajes de angustia.

—En ese punto yo ya había perdido el control de mí misma, aunque afortunadamente la casa estaba llena de gente, de familiares y amigos que me ayudaron.

Intentó buscar soledad, huir del salón y situarse a millones de kilómetros de allí, quizá en la cocina, ajena al protagonismo de la televisión en el salón, buscando un punto neutro donde enfocarse para no pensar. Pese a todo, al final lo supo, quizá porque el gentío del salón no supo contener los gritos de desesperación por ver aquello en vivo, o quizá porque faltaron kilómetros de distancia. Las torres se acabaron derrumbando como en los salones de otras muchas casas.

Iris reconoce que todo le daba vueltas, pero pensó en José, la última esperanza que quedaba de que volviese a casa con alguno de sus hermanos, o con los dos, o contando que los había visto en alguna parte.

A las 7 de la tarde entró por la puerta el hermano mayor, solo. Había caminado desde Manhattan hasta la casa de su madre para reunirse con los demás, pero sólo pudo contar historias crueles de lo que vio y nada de Félix e Iván.

Nada más salir del metro para entrar en su oficina contempló la primera explosión, y aunque intentó ir hacia las torres, los cordones policiales ya no dejaban pasar a nadie. Se quedó en la calle esperando a que el suceso mortal llegase a su fin, mirando hacia los lados desesperado, repitiéndose a sí mismo que a sus pobres hermanos se les consumía la vida.

Después no tuvo otra opción que volver a casa a pie ——en un recorrido de varios kilómetros— con la impresión de haber fracasado por no decirle a su madre lo que quería oír.

——Había una remota esperanza de que llegasen con José, pero cuando entró, me dijo que ellos ya no estaban con vida.

Siguieron el procedimiento lógico y al poco tiempo empezaron a llamar a los centros médicos en busca de pistas sobre los hermanos, pero no estaban en ninguna lista. Su sobrina, una joven paramédica, tampoco logró resultados distintos en los días siguientes, a pesar de que estuvo físicamente en muchos hospitales, viendo casos de todo tipo mientras buscaba a los suyos.

Para entonces ya había llegado el resto de la familia, una hija que vive en Puerto Rico y otro hijo médico desde California. Se lanzaron a la calle con su prima a la búsqueda, dejando huellas en cada esquina con carteles tamaño folio con la información de sus hermanos. Pero sólo llamaban periodistas siguiendo la historia.

Se desplazaron también para arropar a su madre, aunque para entonces su soledad ya se había hecho infranqueable.

——No salí a hospitales a buscarlos. No he vuelto a salir

de la casa nada más que para lo imprescindible. Para mí es duro confrontar el mundo sin ellos —dice ya más serena, pensativa.

Iris recuerda que a sus hijos les gustaba trabajar en las Torres Gemelas, que se sentían orgullosos de estar en un lugar tan imponente. Fue una rutina repetida durante 11 años para Félix y ocho para Iván, tiempo suficiente como para que conociesen el lugar de arriba a abajo, y como para haber vivido la experiencia del atentado de 1993, que le costó la vida a 6 personas tras estallar una bomba colocada en el aparcamiento de una de las torres.

—En aquella ocasión los dos salieron bien. También fue un impacto, porque yo no sabía nada hasta que Félix llegó a casa cubierto de cenizas…. pero llegaron —dice muy triste de nuevo, sin mirar a nadie—. Esta vez no llegaron. Dentro de mí esperaba que apareciesen, aunque fuera de cualquier forma….

Se echa a llorar de nuevo. Han sido sólo unos minutos de calma y se vuelve a derrumbar.

Fuera el día es gris y la luz apenas entra por la puerta que da al patio trasero. El señor del pelo blanco la abre de vez en cuando, entrando y saliendo con sus cubos y sus bártulos, apacible, sin querer interrumpir y un tanto ajeno al drama de su hermana.

Iris se recupera por enésima vez y habla de una última llamada que nunca llegó, de un mensaje en el teléfono que a lo mejor podría haber conservado para siempre, aunque al final dice que es mejor así.

—Creo que hubiera sido peor haber hablado con ellos en el último momento. Pero dentro de mí había una última esperanza de que ellos entraran por la puerta, que me dijeran madre estoy vivo, estoy aquí, estuve perdido ——insiste desolada, pidiendo una explicación al cielo con un pañuelo en la mano——. Meses después yo tenía esa esperanza de que hubieran perdido el conocimiento en algún hospital, imposibilitados, lo que fuera, yo les hubiera ayudado a recuperarse, no importa como estuviesen, quemados, como fuera. Yo lo que quería era tener a mis hijos, pero pasan los días y..., pasan los días y me faltan.

El último deseo de Iris es que sus hijos estuviesen juntos antes de morir, que se hubiesen buscado el uno al otro en una planta o en la otra para al menos pasar el trago en familia. Dice segura que Félix no hubiese dejado jamás al pequeño solo en un caso así, aunque también tiene buenas palabras para Iván, el rebelde e independiente de la familia.

——Seguro que Iván también habría ayudado a su hermano ——sentencia.

Lo cierto es que los dos no se llevaban del todo bien. Tenían maneras diferentes de entender la vida: uno fiel a su madre y modelo de buen hijo; y el otro, vividor, de costumbres extrañas como coleccionar animales raros, y de esos que gustan de entrar y salir sin dar muchas explicaciones.

——Iván era un muchacho alegre que vivía la vida al máximo, sin importarle nada ——cuenta de forma fluida y sin cortes en su voz——. No tenía prejuicios, pero era muy buena persona y un buen ser humano. Esa era la forma suya de ser, le gustaban las mascotas exóticas como las culebras, conejos, reptiles, pero eso era él, le llamaba la atención. No ofendía a nadie con eso —se justifica con toda la humildad del mundo.

No tuvieron tiempo de tener hijos, pero la unión con la familia política sigue y la chica sigue hablando con Iris todas las semanas.

—En los últimos 50 ó 60 años no he visto a nadie tan unido. Eran muy similares —explica.

Con Félix se explaya. No oculta que era su favorito, aunque no lo quiere decir con esas precisas palabras. Sin embargo, deja claro que era su guía y casi su conexión con el mundo exterior, el hijo que tomó conciencia de lo que significaba su madre para la familia y su mejor amigo.

Lo describe como un chico alto y vital, presumido pero tímido a la hora de asaltar momentos decisivos en su vida, quizá en lo que a mujeres se refiere, aunque sin problemas al final. Si las torres se lo hubiesen permitido, habría pasado por el altar como el resto de sus hermanos.

—Félix era como el papa mío, mi hermano, mi hijo, mi todo. Siempre miraba por mí (sic) y mi bienestar, porque no me faltara nada. Y no quería dejarme vivir sola.

Vuelve a reír y se relaja de nuevo, esta vez durante un tiempo largo, suficiente para recapacitar y olvidarse de las torres y sólo pensar en ellos y en sus vidas.

Insiste en la pequeña confrontación que les caracterizaba, en que uno siempre tenía celos del otro y que en la última charla intensa con Iván éste le preguntó si quería más a Félix que a él, una pregunta destinada a caer en el olvido pero que seguía presente entre los hermanos.

—Cuando me preguntó me reí y le dije que Félix preguntaba lo mismo, como una especie de rivalidad, pero obviamente los quería a los dos por igual, sin distinción —afirma distendida, mirando a los ojos y levantándose para participar del relativo movimiento de la casa, de su hermano y sus cubos en la cocina.

Se levanta y ofrece comida y bebida por segunda vez, esta vez con ganas de que le acepten la cortesía. Se siente un tanto orgullosa y aliviada por haber superado el trago amargo de describir la visión de sus hijos quemándose allá arriba.

Saca una Coca-Cola y se vuelve a sentar mientras acerca el plato de los frutos secos a los que se refiere en inglés, preguntando para que le refresquen la memoria sobre el término español, que se le atasca.

Habla un castellano limpio. Tan sólo se le quedan atrás algunas palabras por la costumbre de llevar años en Estados Unidos y la tradición lingüística de combinar ambas lenguas de forma constante.

Se vuelve a levantar y sube las escaleras cercanas a la puerta principal en dirección a su cuarto para traer unas cuantas fotos de sus chicos. Las enseña con angustia contenida, otra vez un tanto seria y hablando de lo que iban a hacer sus dos pequeños en el futuro.

—Iván quería ir a la escuela para mejorar su rendimiento, hacer algo así como un Máster. Quería llegar más lejos, al igual que Félix.

Nadie sabe qué pasó con la mayoría de los empleados de Cantor Fitzgerald que quedaron atrapados por el impacto del Boeing de American. A esas horas, 658 trabajaban ya en sus mesas como parte de la rutina que arrastraba uno de los mayores gigantes del mundo financiero. Ocupaban cuatro plantas, de la 101 a la 105, pero nadie, absolutamente nadie de los que estaba en la oficina ese día pudo contarlo.

Sólo se salvaron los que llegaron tarde a trabajar o los que se tomaron el día de vacaciones o de enfermedad, como Howard Lutnick, el presidente de la compañía por aquel entonces, que no fue por la mañana para poder llevar a su hijo a la guardería.

Contempló el espectáculo por la televisión pasándose las manos por la cabeza, incrédulo. Los que estaban junto a él en ese momento cuentan que lloraba de forma tan intensa que no se podía oír lo que decía entre lamentos y sollozos.

Casi uno de cada cuatro muertos en el World Trade Center trabajaba para Cantor Fitzgerald. Algunos murieron rápido, tras el impacto del avión que se llevó todo por delante hasta que la cabina se detuvo contra una hilera de ascensores. El humo congestionó los pisos superiores y obligó a algunos a arrojarse al vacío. El resto sobrevivió 90 minutos como tope, y dicen algunas leyendas que muchos se encerraron en salas de conferencias, con las chaquetas situadas debajo de la puerta para evitar la asfixia hasta que la torre se derritió y se desplomó piso a piso.

Otros consiguieron llamar a sus familias y tener el valor de tranquilizarles y contarles que todo estaba bien, sin saber que no había salida alguna por las escaleras de incendios. Harry Gerhardt, de Toronto, contó por teléfono que pensaba bajar un piso para encontrarse con su novia, pero no se supo qué pasó después, quizá lo mismo que hicieron los hermanos puertorriqueños.

De la tragedia, en total, quedaron 1.463 huérfanos más los tres de mujeres que dieron a luz el mismo 11 de Septiembre. Otros 24 eran parejas de embarazadas y los maridos de otras seis mujeres que no sabían que estaban encinta cuando se cayeron las torres.

La lista también incluye a 10 pares de hermanos, entre los que estaban los Vale, por supuesto, y 400 hombres que dejaron viudas a sus mujeres.

Muchos de los cadáveres formaron parte de las cenizas del desplome. De Félix Vale encontraron los restos de una pierna. De su hermano Iván, nada.

A pesar de la tragedia, Cantor Fitzgerald ha logrado levantarse y opera de nuevo con normalidad desde hace tiempo, aunque los nuevos saben que son parte de una familia con una marca de por vida que aún se nota en el ambiente.

De hecho, parte de las millonarias ganancias de la compañía fueron destinadas a un fondo para las familias de los afectados, algunos de ellos corredores de bolsa con fama de ser lo mejor de lo mejor del mercado.

Iris Vale recibe su parte mas la vieja casa de madera de Brooklyn que casi dejó pagada Félix.

Tras la muerte de sus hijos también recibió ayuda de la Cruz Roja y de otras asociaciones estatales, que le han ayudado a llevar un poco mejor el golpe, por lo menos en lo que al aspecto financiero se refiere.

La otra gran cuestión pendiente es la de la autoría, saber quién mató a Félix e Iván, aunque eso siempre será difícil de explicar sin los matices políticos ni los intereses creados.

Para Iris la compensación ofrecida ha sido la guerra, aunque no le convence la muerte de otros para aliviar su dolor. Se opone a la intervención militar estadounidense en países árabes y está segura de que Osama Bin Laden fue tan sólo la cabeza visible de algo más grande.

—Una mente diabólica puede ser la única responsable de todo esto, que creo que lo gestó todo desde aquí dentro —explica rotunda—. En este país entra cualquiera.

De Bin Laden sabe poco y tampoco se cree la explicación del gobierno de George Bush.

—Nadie sabe que fue ese tipo. Le han dado un nombre, porque a ciencia cierta nadie sabe que fue el tal Bin Laden. Realmente me acojo a esa idea porque como persona civil, que no tiene acceso a la información, me dejo llevar por las noticias y lo que oigo —asegura.

También cree que al responsable lo están encubriendo, quizá para darle más opciones a la guerra.

—En realidad no sé a qué atenerme y me aterra. Me da ira y coraje —sentencia Iris, que sabe mucho más de la vida de lo que parece a simple vista.

—Las personas que murieron ya no vuelven más, tantos familiares, ni los padres, los hermanos… esa gente ya no vuelve —recapacita con una renovada tristeza—. Mis hijos ya no vuelven, no importa que maten a todo Afganistán, ya no vuelven más. ¿Para qué sirve lo que están haciendo? No están haciendo nada.

Admite que le queda el vacío de no saber por qué se llevaron a sus hijos y la desesperación de no estar viva el día que salga a la luz la verdadera explicación de la masacre del 11-S, el día en que la Historia haya terminado de reposar.

Con todo asumido y la familia alrededor, Iris les hizo

su homenaje particular a los dos pequeños, una especie de funeral y una reunión familiar con todos los objetos particulares más simbólicos de cada uno. Celebraron la vida y no la muerte de Félix e Iván, tal y como le gusta contar a su madre, unas 250 personas que escucharon música de todo tipo en tributo a Félix, que de vez en cuando hacía de pinchadiscos en algunos locales de la zona. Sonó salsa y merengue en cantidad, mientras algunos contaban sus anécdotas particulares con los hermanos, con constante mención a las mascotas de Iván y sus muchos logros con tan sólo 27 años.

Fue tres semanas después de la tragedia, a principios de octubre. Al final de la reunión soltaron un par de palomas blancas, pero una no quiso volar.

—A esa la llamé Félix —indica con una mezcla de nostalgia y orgullo.

Ahora que todo ha terminado, la vida se presenta complicada para esta señora. Afronta el tramo final con la angustia de no haberse ido antes que sus hijos, con las ilusiones contadas.

Por delante planeaba un viaje a California y poder ver a sus nietas todo lo posible, pero nada más.

—La vida sigue, aunque ya no soy ni una cuarta parte de lo que era antes —dice resignada y sincera—. Me siento vacía por tener que respirar el aire sin ellos. Cuando Félix llegaba y oía la puerta del carro era toda mi vida. Ahora, si suena el teléfono me acuerdo de ellos, y también en la cocina. Casi siempre cocinaba para él. Ahora casi no lo hago.

Mira hacia la pared con los ojos brillantes después de tanto llorar. Se fija en una foto familiar y piensa bien en lo que va a decir, como una sentencia definitiva.

—No hay dolor más grande que perder a un hijo.

Jan Demczur, un limpiaventanas para salir del ascensor

argaba cada mañana con la rutina metida en un cubo, con toda la tristeza del mundo reflejada en unos ojos color azul claro, con ese frío interior que despiden algunos que nacieron en las mañanas grises de la Europa del Este. Once años después de subir y bajar rascacielos, acabó de espía de barrio, con la escoba en la mano frente a la entrada de su casa, mirando de reojo con ganas de contar de nuevo su triste e increíble historia.

Jan Demczur era el limpiaventanas polaco del World Trade Center. Cada madrugada, durante dos lustros, se levantaba con la obligación de recorrer las dos torres con los bártulos de limpiar cristales, arriba y abajo, en una secuencia interminable de ascensores, en una tarea repetida e inacabable.

Formaba parte del minúsculo ejército de 15 personas que cada día padecían la inmensa tarea de limpiar los cristales en esa maraña de vidrio y cemento. Algunos se colgaban por fuera en la rutina vertical de cada día, jugándose el pellejo y la estabilidad emocional por un salario no tan aceptable, mientras que otros, adentro, andaban con mono y unos cuantos cacharros en un cubo de plástico sin hacer mucho ruido para no molestar a los ejecutivos con sus corbatas y sus trajes.

Demczur era uno de esos, un tipo meticuloso que observaba con detenimiento todo lo que pasaba a su alrededor. Disfrutaba enormemente con su trabajo, con aquello de estar en las alturas en un lugar tan emblemático, donde el sólo nombre engrandecía cualquier cosa, hasta los propios cristales que siempre se dejaban hacer.

Este inmigrante europeo (Slawno, Polonia, 1953) saboreaba cada cara nueva que se encontraba en su camino, pero sobre todo celebraba las conocidas y las que le reconocían a él, con esa camaradería cariñosa a pesar del inglés farragoso, como de borracho inofensivo.

Todas esas caras, las de siempre y las nuevas, se le fueron la mañana del 11 de Septiembre sin remedio.

Jan es un hombre simple que no se metía con nadie y que iba a lo suyo. Esa mañana, como todas las otras, se fue al tablero de su compañía —ABM, American Building Manteinance— y echó un vistazo a lo que le tocaba: un banco japonés —Dai Ichi Kangyio— en la planta 48; la empresa Fred Alger en la 92 y 93; y Martin Progressive en la 77 para completar la primera parte de la jornada hasta que el jefe pusiese nueva información sobre el resto de la ruta del día.

Cada día le tocaba algo distinto, siempre asignado a la Torre Norte después de años trabajando en las dos. Su trabajo dependía de los contratos cambiantes de las compañías, que decidían cuando usaban sus servicios y cuando no. El supervisor le comunicaba las variantes y él se limitaba a obedecer.

Su mono de trabajo y sus herramientas estaban guardadas en un armario de la Torre Sur, aunque marcaba su tarjeta de trabajo en la Norte, a la altura del parking en el nivel B1. Normalmente había que utilizar una combinación de ascensores y subterráneos para conectarse entre una torre y la otra, pero ese día hacía buen día y Demczur prefirió cruzar a pie por la plaza principal.

Eran las 6 de la mañana y el edificio apenas registraba el

movimiento de los de la limpieza o los de seguridad, además de algunos economistas y banqueros obligados a madrugar por tener que estar pendientes de los mercados de Tokio y Hong Kong.

Jan se encontró con un compañero que le recordó que ese día les esperaba una jornada intensa. Al parecer, nuevos inquilinos estrenaban oficinas después de unas obras y otros volvían de vacaciones. El mismo Demczur acababa de volver de un crucero por Halifax, en Canadá, con las pilas cargadas para volver a respirar el ambiente que tanto admiraba del complejo de siete edificios.

—Me sentía con ganas y conocía a la gente que volvía —certifica.

Con la misión memorizada, llegó a la recepción, pasó las barreras de seguridad metálicas y subió rumbo a la planta 48. Jan sabía moverse como nadie por las hileras de ascensores de las gemelas, sabiendo que en la 44 y la 78 eran segundas recepciones, pisos de enganche hacia otras filas de elevadores para descongestionar el tráfico de personas.

Tras su paso por la 44, conectó por la otra cara del edificio hacia la 48, donde estaba ubicado el banco nipón. Estaba cerrado a esas horas, pero los de seguridad le abrieron y pudo cumplir con su asignación, que en ese caso era el cristal de la entrada, algo que le solía llevar unos 15 minutos.

Dentro de las oficinas ya estaban los más tempraneros, como a las 7 de la mañana. Luego tocaba volver a bajar para volver a subir más todavía, desde la 44 hasta la 78 en un express y después otro ascensor hacia las plantas 92 y 93.

—A esas horas había un ascensor que no estaba funcionando y llamé a los de seguridad para que supieran.

A Jan le extrañaba cualquier anomalía y sacaba a relucir su espíritu de alerta y cooperación para que todo estuviese bajo control en su lugar de trabajo.

—Aquel lugar era como mi hogar lejos del hogar —reconoce con una sonrisa melancólica.

Allí, en la compañía Fred Alger le tocaba también el cristal de entrada y las separaciones entre mesas una vez al mes, pero hoy no.

—Si me hubiese tocado, me habría quedado atascado por el impacto del avión porque las separaciones me llevaban dos horas. Ahora no estaríamos hablando —comenta con total tranquilidad.

Después bajó hasta la 78 en ascensor y hasta la 77 por las escaleras para encontrarse con su próximo cliente, los de sistemas de Martin Progressive.

Se quedó esperando a las 8 de la mañana, unos cinco minutos hasta que le abrieron. En esta empresa le tocaba la misma rutina que las anteriores, aunque aquí había más mesas y separaciones que en las otras.

—A veces me tomaba casi media jornada en una sola.

Después de dejar el cristal limpio agarró de nuevo hacia abajo hasta la 44 en otro express, ya sin nada que hacer salvo esperar instrucciones.

Eran las 8.17 am y Jan decidió tomarse el descanso de rigor con un café y algo de comer, quizá un bollo para perforar el agujero en el estómago que tenía desde las 4.30 de la mañana. La cafetería de la 43 era el lugar de paso de muchos como él con horarios intempestivos, sin tiempo más que para una ducha en casa y salir corriendo. A esas horas se concentraban allá otros con vacíos similares, almas pululantes en busca de cualquier cosa que comer y con ganas de no encontrarse con nadie.

Jan conocía también a muchos de los de allí. Limpiaba los miércoles los cristales de la cafetería.

Después de un desayuno tranquilo subió de nuevo a una de las plantas principales, la 44, para tomar el enésimo ascensor del día hacia la planta 70, a por más vidrios y ventanas. Pero esta vez el ascensor no llegó hasta su destino porque eran las 8.44 de la mañana, quizá un minuto más o un minuto menos: lo justo para coincidir con aquella hora exacta, 8.46 de la mañana, en una amplia cabina iluminada.

A esa hora, un avión de American Airlines chocó con la torre a una velocidad aproximada de 700 kilómetros por hora, destrozando el edificio entre las plantas 94 y 98.

Jan esperaba para subir junto a otros cinco hombres, todos caras conocidas por el limpiaventanas aunque no pudiese ponerles nombre.

Uno iba al 67, otro al 68 y el resto a la 74. Cada uno pulsó el botón correspondiente menos Jan, que siempre observaba los movimientos de los demás y esperaba.

La puerta se cerró con normalidad y el ascensor empezó a subir aunque nunca llegó a alcanzar la planta 67, la primera parada anunciada. Por el camino se detuvo e inició una bajada paulatina de manera muy perceptible, de esas en las que uno presiente que está a punto de pasar algo malo. Sin saber en qué piso andaba ni hacia dónde iba el elevador, de repente empezó a pegar bandazos de lado a lado, con suficiente violencia como para golpear la pared.

—Pensábamos que estábamos como en la 62 y que aquello era un problema mecánico, hasta que el ascensor se paró por completo —explica Jan con cara de circunstancias.

Sonó un ruido fuerte pero lejano. Presionaron el botón rojo y el teléfono interior, pero nada. Minutos después alguien contestó, pero ni los del inglés nativo lograron entender lo que carraspeaba la voz entrecortada, quizá que había un problema en la planta 91 o algo así, nada concreto.

Tras eso vino algo peor, un humo negro y espeso que llegaba desde abajo, colándose por la rendija de la puerta. Todos se miraron asustados.

—Uno de los tipos, el más alto, empezó a especular con lo que había chocado contra la torre, pero yo estaba demasiado preocupado como para escuchar con todo el humo llegando desde abajo. Sólo pensé en que quería salir del ascensor —asegura.

Allí parados, analizando el miedo contiguo, comenzaron a barajar opciones. La primera fue la clásica, la de usar al más alto para intentar salir por el techo, pero estaba cerrado.

—No sabíamos qué hacer y empezamos a mirarnos todos.

La posibilidad del interfono estaba descartada porque no había nadie al otro lado, así que entre dos lograron forzar las puertas del ascensor y abrirlas.

Delante se encontraron con un gran 50 impreso en la pared, la confirmación que andaban buscando. No dijeron nada y se quedaron pensando en qué hacer después, aunque el humo que seguía entrando arreció las protestas de dos de los ocupantes que pidieron que se volviesen a cerrar las puertas.

—Yo siempre estaba en la parte delantera, con mi cubo justo detrás y esperando a ver si nos poníamos de acuerdo para hacer algo —explica.

Entonces empezó la discusión para volver a abrir las puertas y buscar la salida.

—Les dije que nos quedaban 15 minutos de vida si seguíamos respirando el humo y esperando, que había que abrir —insistía Demczur, tratando de asumir el mando.

—Al abrir noté el aire fresco que llegaba del otro lado de la pared —continúa.

Este ex trabajador de la construcción en Polonia empezó a visualizar la solución, que no era otra que romper la pared para salir al otro lado. Tocando el material, se dio cuenta de que eran unas láminas de yeso, como pladur.

—Les expliqué a los demás que no iba a haber problema, que yo había visto ese material muchas veces y que con unas patadas se rompería —cuenta orgulloso, como el niño de última fila que aporta algo que los demás no saben.

Sin embargo, y a pesar de los argumentos de Demczur y de unos cuantos golpes, la placa de la pared no cedía y el polaco y los otros se quedaron parados, sin saber qué hacer.

Los compañeros de Jan en el ascensor eran ingenieros de la Autoridad Portuaria de Nueva York y Nueva Jersey, y un cartero de la misma organización, pero las propuestas para salir de allí no afloraban.

A esas alturas ya habían pasado 15 minutos o más y era claro que nadie vendría a sacarlos. El humo seguía subiendo cada vez con más intensidad y la situación se hacía más tensa.

Necesitaban un cuchillo o algo cortante para empezar a

golpear el yeso con el 50 impreso en la pared, pero no había nada, hasta que Jan se dio la vuelta y se acordó de su instrumento de siempre, la escobilla metálica que había estado usando toda la mañana y gran parte de su vida.

Y efectivamente funcionó, poco a poco y lentamente. El pequeño utensilio abría el hueco que andaban buscando en las láminas de yeso que resultaron ser tres veces más anchas de lo normal.

—Teníamos que intentar llegar a alguna parte, no sabíamos a dónde, a una salida, o a un muro principal. Quizá no había salida, pero teníamos que hacer algo porque no existíamos en ese momento para el resto del mundo.

Llegaron los turnos y los ingenieros colaboraban con Jan en el martillear, aunque la tenacidad de los hombres se encontraba cada vez con más espesor de pared y una placa después de la otra.

Demczur admite que lo normal no era usar tantas planchas de ese tipo, pero siendo un edificio de semejante magnitud podía explicarse.

El agujero seguía avanzando pero hacia el fondo, sin amplitud suficiente como para que cupiese por el hueco el más pequeño del grupo.

—La primera parte del agujero nos llevó 15 minutos con una buena cooperación. No había excesivo pánico ni malas caras, tan sólo alguno de los hombres que prefería mantenerse a la sombra y beber algo de leche que se había traído de la cafetería. Lo malo es que olía a humo, como a un químico bastante desagradable que no se parecía en nada al de los atentados de 1993 —analiza Jan.

Además de seguir hacia el fondo con un destino incierto,

el objetivo era hacer aquello más ancho y empezaron a picar con el minúsculo aparato metálico.

Todo parecía ir bien hasta que ocurrió un pequeño imprevisto.

—Estaba mirando por el agujero para ver si se veía algo al otro lado cuando se me fue la varilla de la escobilla por el hueco. La vi desaparecer hacia abajo sin poder hacer nada. No les dije nada a los demás para que no perdiesen la fe o se desmoralizasen, aunque a mi se me vino el mundo encima.

Sin hacer un drama del asunto, Demczur siguió dándole con la herramienta que le quedaba, el asa con poco filo de lo que alguna vez fue su instrumento primordial.

—Era un poco desesperante porque no sabíamos hacia dónde íbamos, nos vimos abandonados.

Pero poco después se hizo la luz. Tras las placas se encontraron con una lámina metálica que sólo se podía romper a golpazo limpio. Unas buenas botas bastaban para que cediese, y tras la patada de uno de los ingenieros, cayó el penúltimo muro.

Se oyó un fuerte crack y después otra placa de yeso, y tras eso otra metálica, y otra patada, hasta que llegaron al final. Con el último golpe se escuchó con claridad el ruido de baldosas rompiendo contra el suelo. La luz al otro lado era la del servicio de caballeros de la planta 50, justo a la altura de la pila del lavabo.

Habían pasado 45 minutos desde que empezaron a romper la pared. Eran casi las 10 de la mañana.

El pasadizo que habían excavado era suficiente para que lo intentasen. Alfred Smith, el que estuvo más tiempo agazapado detrás de Demczur, pidió salir el primero.

—Le empujamos porque al principio se quedó enganchado en el agujero por la estrechez de aquello —relata el limpiaventanas—, pero logró salir y poder buscar ayuda para sacar a los demás. Le pedí que comprobase si había más como nosotros atrapados en los ascensores.

En una reacción rayando en lo absurdo, Demczur pensó primero en que otros podían estar en las mismas, aunque seguro que no contaban con el recurso inimaginable —sólo en Nueva York— de un limpiaventanas polaco para sacarles del ascensor.

Smith salió por el hueco en busca de ayuda. Sin embargo, cuando decidió volver, los otros cinco hombres ya habían ampliado el boquete lo suficiente como para abandonar su prisión matinal improvisada.

Fuera, la sensación era de movimiento y ansiedad, con bomberos y personal de mantenimiento dirigiendo a los que salían de las oficinas sin saber hacia dónde ir. Jan alcanzó el pasillo central de la planta 50 en el momento en que dos bomberos bloqueaban las puertas de otro ascensor con una llave maestra, aunque al polaco le quedaban pocas ganas de volverse a subir en uno de esos y menos en esas circunstancias.

Los otros compañeros, excepto Smith, ya habían tomado el camino rápido de las escaleras sin mayor vacilación. Demczur, en cambio, se perdió en la discusión con los bomberos, intentando hacerles comprender que era una locura volver a usar los ascensores.

—Salí corriendo hacia las escaleras al ver que no hacían caso, pero uno de ellos me gritó con fuerza: qué hace, venga aquí de inmediato, ¿es que está loco?, y me hizo montarme en el ascensor. No sé qué me pasó, porque nunca hubiese optado por subirme en ese elevador otra vez —asegura con remordimiento y bajando el tono de voz, balbuceando.

No hubo más accidentes imprevistos y lograron descender los 6 pisos sin problemas, hasta la 44. A esas alturas ya era demasiado arriesgado usar los elevadores express, así que la travesía continuó a pie, uniéndose al desfile que ya campaba por las escaleras desde los momentos posteriores al impacto del avión.

Antes de empezar a bajar, a Jan no se lo ocurrió otra cosa que vaciar el agua de su cubo en una de las plantas del pasillo, para regarlas por si acaso.

—Sabe Dios cuando iban a volver a tener agua —justifica como si tal cosa.

En las escaleras la condensación de gente era alta, con humo, detectores de agua activados y huellas de espuma de extintores. Los elementos convertían el descenso en peligroso por lo resbaladizo y agobiante por los sudores y las caras de juicio final de muchos.

—La gente se preguntaba qué había pasado pero nadie respondía. Detrás de mí iba un tipo que trabajaba en la 68. Le conocía bien. Me dijo que no me preocupase, que hablaríamos fuera —explica—. Después había gente rezando, hablando con Dios. También estaban dos tipos que decían que dos aviones se habían estrellado, y yo le respondía que era imposible. Los bomberos subían por la izquierda y la gente les preguntaba, pero ellos no soltaban palabra.

Con el cubo amarrado y a la altura del piso 20, Demczur se resbaló por la humedad del suelo y casi se rompe la crisma, tres o cuatro escalones sin freno.

—Alguien me ayudó cuando me caí y de repente me encontré entre dos bomberos que bajaban. Tenían una bombona de oxígeno y tomé un poco. El tipo de atrás también necesitaba y siguió mis pasos. Volví a usar la bombona un par de veces porque la cosa estaba cargada —indica.

La marcha era lenta y Jan pensaba en el tiempo que le quedaba allí metido, de nuevo atrapado, después de la odisea del ascensor, esta vez por el exceso de gente y el agobio del ambiente en una de las escaleras del lado oeste del edificio.

Los bomberos, que siguieron subiendo sin cesar hasta el final, pasaban junto a Demczur en silencio, como un desfile de elefantes ataviados con mercancías pesadas.

—Si tú mismo necesitas ayuda, cómo pretendes ayudar a nadie —cuestiona Jan, gesticulando con las manos, cargado de razón—. Hacía un calor horrible, pero era su trabajo y ellos seguían subiendo.

Cuenta que a la altura de la 16 o la 17 alguien empezó a gritar pidiendo ayuda, un tipo de camisa blanca y buena pinta, joven y en aprietos. El buen samaritano polaco se lo hizo saber a los bomberos y fueron en su busca.

En la siguiente parada, ya nadie pudo ayudar a nadie. En la planta 12 el mundo se apagó por completo. Hubo un gran terremoto, un estruendo masivo, gritos a lo lejos y una avalancha de polvo y cristales que dejó a Jan a oscuras, aterrorizado.

—Me salí al pasillo del 12 para poder ver algo. A esas alturas no sabía qué había pasado. Me cubrí la cara con un trapo que tenía en el cubo, y pensé que era el circuito eléctrico que había saltado por los aires.

Después volví a las escaleras y empecé escuchar gritos que nos indicaban que volviésemos a subir —relata.

Así fue como Jan, a quien le quedaban poco más de 20 minutos para salir de allí con vida, volvió a subir en dirección contraria jugando con su suerte. Llegaron hasta la 15, con toda la paliza y los nervios encima, hasta que vieron a un grupo de bomberos bajando, quizá ya con la información de lo que acababa de pasar, seguros de que la Norte también correría la misma suerte.

—A uno de ellos le dije que nos habían vuelto a mandar hacia arriba y el tipo me dijo que volviese a bajar, gritándome, no matter what!

—El aire era irrespirable —continúa Demczur— y el polvo se te metía en los ojos. Era muy difícil bajar y había que llevar la mano en el pasamanos de las escaleras. En realidad me agarraba a lo que podía porque la visibilidad era muy pobre.

La situación se volvió demasiado caótica en ese tramo como para estar seguros de los pasos a seguir. Demczur reconoce que perdió la noción de dónde estaba, y aunque todo el mundo le preguntaba por dónde, el pobre limpiaventanas estaba tan desconcertado como el resto de los que bajaban a su ritmo.

Abrieron la puerta de una planta pero todo seguía oscuro. Se toparon con dos civiles que andaban buscando la salida.

—Seguramente con la explosión mucha gente salió corriendo en varias direcciones intentando salir, pero sin saber muy bien cómo —asegura.

En la tercera planta vieron la luz, la escalera que llevaba a la recepción del segundo piso, un nivel por encima de la calle.

—Vi a gente corriendo en cualquier dirección, con pánico. Yo tampoco sabía con exactitud dónde estaba en un edificio que conocía mejor que nadie. Todo estaba roto, las puertas de los ascensores estaban descolgadas, era como una escena de guerra en la que no se podía reconocer nada. Daban ganas de echarse al suelo a llorar y no de correr.

Demczur reconoció el punto en donde los 25.000 trabajadores diarios de la torre dejaban constancia de su entrada y su salida, en unas barreras metálicas opacadas por los restos de las entrañas del edificio contiguo. Eso le ayudó a orientarse y encontrar cierta claridad para afrontar la última barrera, el atasco de cristales en las puertas giratorias, que dos bomberos acabaron por solventar a machetazos.

La salida daba al oeste, a una avenida que corre paralela al río Hudson. El limpiaventanas optó por refugiarse debajo de uno de los múltiples camiones de bomberos aparcados, intentando ponerse a salvo de los pedazos del edificio que caían en desorden.

Sin embargo, el personal médico le obligó a sentarse en la acera de enfrente, desde donde pudo ver todo el espectáculo en vivo.

—Contemplé fuego saliendo como en unos 15 pisos, pero pensé convencido que eso lo arreglaban sin problemas y que pronto volveríamos a trabajar allí, sin saber obviamente que la otra se había desplomado —explica.

Un tipo se le sentó al lado, le ofreció agua con la que lavarse la cara, y en una conversación un tanto a trompicones le puso al tanto de lo que estaba pasando, de todo lo que él nunca supo, ni en la hora que estuvo atrapado en el ascensor ni durante el tiempo restante que empleó para descender los 44 pisos por las escaleras. Ni siquiera allí sentado lograba hacerse a la idea de lo que se le venía encima.

— ¿Dónde está la otra torre?... estoy buscando la otra torre —preguntaba Jan desquiciado, como un loco de atar.

—No, no... la otra torre se ha derrumbado— contestó de forma rutinaria, como si fuese información vieja.

— ¿Qué? ... ¡¿que la otra torre se ha derrumbado?!— exclamó para sí mismo—. Incrédulo Jan encajó el parte.

—¡Me quedé helado, con un sudor frío por todo el cuerpo! ¡No me lo podía creer! ¡Yo estaba dentro de la torre y estando dentro se cayó la otra! Mi cerebro sencillamente no funcionaba, era incapaz de procesar semejante información. Es como si me hubieran echado un cubo de hielo encima —relata reproduciendo el rostro que debió poner en el momento en que aquel desconocido le daba la noticia más escalofriante de su vida.

—Me tuvieron que poner la mascarilla de oxígeno porque estaba muy nervioso. Después nos hicieron mover en dirección norte para alejarnos lo más posible.

Antes de que el resto se viniese abajo, Demczur se puso a hablar con otro conocido, un tipo negro de la Autoridad Portuaria, un hombre al que conocía de la planta 88.

—Coincidíamos en el ascensor.

Segundos después se escucharon gritos desenfrenados y al volverse, Jan vio la antena de comunicaciones de su torre cayendo con el resto de la estructura.

—Casi me muero de miedo porque estaba demasiado

cerca del edificio sin tener ni idea de en qué sentido se iba a caer. En ese preciso instante miré y corrí un poco hasta que vi que el edificio no caía en ninguna dirección, sino piso a piso como un bizcocho —relata inocente, con ojos sinceros.

—Me puse a mirarlo, los pocos segundos de la caída. Pensé en toda la gente que estaba perdiendo la vida en esos segundos. Fue una visión horrorosa y sentí tanta presión sobre la cabeza que pensé que me iba a morir de la angustia.

Sin saber hacia dónde ir, derrotado después de haber corrido tres manzanas para escapar de la nube de escombros, sin fuerzas ni moral para seguir adelante, Demczur cerró los ojos en busca del inicio del día, tratando de salirse de la pesadilla y de los gritos de los demás.

En medio de la polvareda y del caos se encontró con George, uno de los que iban en el ascensor con él, y se fundió en un intenso abrazo. El ciclo de una historia vertiginosa se cerró en plena calle.

—Temblábamos por haber podido salir de allí.

El incansable trabajador de la Europa del Este barre esa mañana en la entrada de su apartamento, al pie de unas escaleras de piedra que llevan a una casa de aspecto prefabricado en un barrio trabajador de Jersey City, en Nueva Jersey. Está casado con una mujer ucraniana que conoció en Estados Unidos, y tiene dos hijos adolescentes, Pavlo y Olesha. Llegó a Estados Unidos en 1980 huyendo de la pobreza comunista que reinaba por aquel entonces en Polonia, como otros miles de trabajadores del otro lado del telón de acero.

Demczur es un hombre de poca estatura y gesto simpático, con el pelo canoso y la cara pálida, como si el sol de la costa este no fuese con él. Tiene unas notorias bolsas debajo de los ojos, cargadas como infusiones de té, señal de que la experiencia le ha ganado la partida.

Jan dice que ya no duerme como antes y que lo normal es que se despierte dos veces por noche al menos, con la cabeza cargada de gente saltando al vacío o gritando. Eso lo comparte con Nadia, su mujer, pero menos con sus dos hijos, como no queriendo hacerles partícipes de su situación postraumática.

Es fácil imaginarse el dibujo de sus huellas en el suelo del salón, la marca forzosa de los pasos de quien ha recorrido el terreno un millón de veces en busca de una respuesta o de un clic mental en el cerebro que le tranquilice. Las cortinas del salón están echadas pero entra luz desde la cocina y al fondo se adivina entre los visillos un jardín con un columpio, con todas las posibilidades del mundo para ser feliz.

Pero al polaco ya le cuesta un mundo sacudirse el polvo de lo vivido y no tiene ningún problema en dejarse caer hasta el fondo y confesarlo, porque le duele en el alma que le hayan quitado su vida, sus caras conocidas.

Ha decidido que no quiere volver a subirse a un andamio en su vida y de momento no piensa en reintegrarse en el mundo laboral. Han pasado meses desde la tragedia pero no está preparado, a pesar de las ofertas que le han llegado. Recibe ayuda financiera del sindicato y de otras organizaciones gubernamentales, así que de momento aguanta con lo que tiene. También le pagan por el psiquiatra, al que visita una vez al mes.

—No creo que las cosas vayan a volver a ser igual —reconoce en ropa de andar por casa—. Físicamente estoy bien pero mentalmente estoy mal.

El limpiaventanas veía desde su casa la silueta de las Torres todos los días, pero ahora prefiere no mirar. Se siente encerrado en su propia patología y sólo interrumpe esa férrea rutina cuando le llaman para contar su historia. Ha sido entrevistado por muchos medios estadounidenses y homenajeado en distintas ocasiones: en una cena de gala organizada por el fabricante de las escobillas metálicas con las que rompió la pared y en otra del Museo Smithsonian de Historia Americana en Washington, donde tuvo a bien donar lo que quedaba de la célebre escobilla.

—No me gustan que digan que soy un héroe, aunque me lo han dicho varias veces. Es cierto que ayudé a salvar a cinco hombres con mi idea de romper la pared, pero lo importante es que pude salir —dice con humildad y con convencimiento, pero sintiéndose bien—. Hay muchos otros que se quedaron allí, muchos amigos míos. Creo que es increíble que lograse salir del edificio cinco minutos antes de que colapsase.

Entre los que recuerda están 15 amigos queridos, incluyendo a dos de sus colegas, uno atrapado en el mirador de la 107; dos policías y muchas caras conocidas de las plantas 92 y 93, donde solía limpiar con mucha frecuencia.

La experiencia de trabajar en el World Trade Center engrandecía a Demczur, que disfrutaba con el compadreo y con dar direcciones a los turistas que se agolpaban en dirección al mirador, haciéndose el encontradizo. Allí era un personaje, pero ahora se le han acabado los días felices de aquellos tiempos.

Volvió a la zona cero en una ocasión, aunque allí ya no quedaba nadie. También se presentó de nuevo en el edificio del sindicato de los limpiaventanas en la Sexta Avenida, donde por unos momentos volvió a sentirse querido y admirado. Incluso reconoció a un compañero en el ascensor a quien gastó un par de bromas del pasado y le tiró de la lengua para rebuscar en una camaradería desgastada, contento pese a que casi no hubo respuesta, como si el ascensor estuviese vacío.

Todo eso le ayudó a recuperar la sonrisa por unos instantes, unos segundos más de gloria envuelto en la burbuja de volverse a ver arriba y abajo con su cubo, en una mentira de un par de horas.

—Quiero hacer algo para que las cosas vuelvan a ser iguales, pero no puedo.

49

PABLO SCARPELLINI

Alessandra Benedetti, el funeral que no quiso llegar

En las calles aledañas al hospital St. Vincent se palpa la desesperación de una ciudad entera. Todo está congelado, hasta los grupos de médicos que fuman en las escaleras de la entrada, impertérritos por la falta de clientes tras semejante masacre. Cada rato, uno de ellos, un nuevo portavoz, se acerca hasta los micrófonos de la maraña montada por la prensa para contar algo nuevo, aunque siempre es lo mismo, que sólo unos cuantos heridos entraron en la mañana y en la noche del 11, pero que hoy apenas ha llegado gente.

Se esperaba una avalancha de sirenas pero la avalancha de cristal y cemento lo ha derretido todo, hasta la propia lógica del asunto.

Alrededor hay familias que buscan a los suyos, esperando las listas de los hospitales. Le cuentan a los periodistas que han perdido a su ser querido, casi todos en los pisos del 100 para arriba, la mayoría en la torre sur, la más temprana en caer.

Una de las señoras que habla con la prensa tiene una fotocopia en la mano con la imagen y los datos de su hermano, un hombre con apellido italiano que también trabajaba en un piso alto. Su hermana lo describe sin perder los nervios ni la paciencia, y empieza de nuevo cuando aparece otro reportero recién llegado con ganas de conocer la historia. Al final se echa a llorar, con la voz dando saltos hasta que se rompe, cuando cuenta que pudo hablar con él segundos antes de que todo se fuese al carajo.

De nuevo hace un día soleado, macabro. Unos pocos metros más adelante del hospital, en algunas tiendas cercanas, se ve de nuevo la imagen del hombre de apellido italiano desaparecido con otra fotocopia al lado, la de un ejecutivo japonés de unos 50 años, y también la de una mujer rubia, joven, tirada en una cama sonriendo, con sus datos y el teléfono de su madre como contacto. En esa pared hay unos diez carteles. Estremece ver las fotos juntas porque evocan escenas de pánico, de angustia infinita, pese a estar sonriendo como si nada en sus carteles.

Unos metros más adelante, en la esquina de la calle 12 y la Sexta Avenida, en el cristal de una pizzería, está la foto de otro tipo sonriente al volante de su coche, como si estuviese de vacaciones o perdido preguntando direcciones sin preocupación alguna. El chico tiene gafas y la piel morena, con pinta de buena persona. Se llamaba Paul Benedetti.

El letrero dice que trabajaba para la compañía AON Corp., una aseguradora situada en la planta 92 de la torre sur, y que tenía 30 años, de ojos marrones y pelo castaño, con un reloj plateado en la muñeca izquierda, y una alianza en la mano derecha, también de plata.

Unas horas antes había pasado por allí Alessandra (Forest Hills, Nueva York, 1968), su mujer, dedicada a empapelar las calles de la ciudad con la intención de obtener una respuesta. Vio que otros lo hacían sin descanso, y que a los dueños de los locales donde quedaban las fotos pegadas no les importaba. Al final se formó tal mosaico de fotocopias, que sirvió más como tributo para las víctimas que para encontrar a nadie.

Después de unos días, cualquiera que hubiese pasado varias veces por los alrededores del St. Vincent, o del Bellevue o del NYU, conocía ya perfectamente a Paul Benedetti.

Esa mañana de la tragedia, Alessandra no lo pudo ver.

Estaba tan dormida que le dio un beso de buena suerte y buenos días antes de que se fuese al trabajo. Al parecer, Paul se había levantado un poco antes para llegar temprano a su oficina y encargarse de entrevistar a nuevo personal para su departamento.

Benedetti era uno de los tres jefes del área y llevaba cuatro meses en el puesto. Entró a trabajar exactamente el 11 de mayo de ese año.

Con su manera de ser un tanto despreocupada, Alessandra salió de Astoria, el barrio griego de Queens, hacia su trabajo, sin saber nada de lo que a esas horas ya estaba pasando. La secretaria de su oficina —un negocio de muebles situado en el Upper West Side de Manhattan, calle 63— fue la primera en informarle a eso de las nueve de la mañana: "¿No sabes lo que está pasando?, una de las torres gemelas está en llamas!".

Se fue directa hacia su zona, junto a sus compañeros, los que sabían que su marido trabajaba en el World Trade Center. Allí no había casi nadie. Parece que la mayoría estaba refugiado en la sala de conferencias viendo la televisión.

Después de ponerse un poco al tanto de la situación, Alessandra empezó a llamar a los teléfonos de su marido, al celular y al fijo, pero nadie contestó.

—Me topé con el contestador las dos veces —explica—. Para entonces los dos aviones se habían estrellado, pero yo no lo sabía. Yo pensé que sólo una de las torres había sido atacada, pero no sabía cuál. En realidad no me importaba, sabía que mi marido estaba en peligro. Me volví loca porque no conseguía contactar con él.

Volvió a escuchar la voz de Paul en su contestador del

trabajo, y ahí es cuando pudo evaluar lo que de verdad estaba pasando.

—Vi el teléfono y había dos mensajes. El primero era del día anterior y el segundo era suyo. Decía que estaba bien, que había habido un impacto en la otra torre pero que estaba bien. Dejó el mensaje a las 8.57 am. Casi diez minutos después lo recibí. Todavía lo tengo grabado.

Alessandra dice que sonaba "ok" pero un poco nervioso; calmado pero nervioso.

—Yo sabía que no era algo normal sino algo terrible porque le cuesta ponerse nervioso —afirma concentrada—. Según me contaba en el mensaje, él estaba en la oficina. No estaba cómodo, más bien un poco asustado. Siempre ha sido una persona con mucha confianza y cuando hablaba hacia el final del mensaje estaba haciendo chistes. A él le gusta mucho beber whisky y jugar con los videojuegos, así es que me dijo que cuando llegase a casa se iba a tomar un scotch y a jugar porque realmente le hacía falta. Ahí me di cuenta de que estaba un poco asustado. Después me dijo un "te quiero y te veré esta noche en casa".

Ese fue el final del mensaje.

Se le humedecen los ojos, como a punto de echarse a llorar pero con mucha compostura, sin querer dejarse llevar. Sabe que es una situación incómoda la que se crea y pide perdón.

—Odio hacer esto delante de usted —dice mientras se limpia un poco el ojo, aunque sin que haya llegado a caer ni una lágrima.

Es una mujer joven pero con experiencia, se diría que curtida después de lo que ha tenido que pasar. Es muy correcta y con un gusto apañado, delicada, como acostumbrada a una vida confortable y sin muchos sobresaltos.

La cita es en una de las cafeterías del hotel Plaza, la más popular, llena de gente y decorada con enormes lámparas rojas colgando de pilares de madera entrecruzados. Va vestida con cuidado y mantiene las distancias, con ganas de hablar pero no de vaciarse, de no quedarse con nada pero con todo al mismo tiempo, con esa desconfianza clásica que exhiben muchas mujeres norteamericanas.

Suspira durante un instante y se repone enseguida, para no romper el hilo de la entrevista, intentando no dejarse llevar en medio de la cafetería, siempre repleta de movimiento.

—Tras el mensaje no estaba convencida de que Paul estuviese bien, y aún no sabía lo que estaba pasando. Me di cuenta cuando entré en la sala de conferencias.

Al parecer, todos sus compañeros de oficina estaban apilados en esa sala en torno a un televisor gigante, haciendo comentarios, entrando y saliendo de la sala nerviosos, sin saber muy bien qué hacer. Dentro había una mujer sollozando sin consuelo, "como si hubiese perdido a toda su familia", dice Alessandra.

—Tan pronto la vi supe que tenía que ser algo más gordo de lo imaginable. Afortunadamente, ella no tenía a nadie en las torres, pero sí a muchos clientes. Nuestro negocio manejaba un montón de compañías con clientes allí porque vendemos muebles a compañías como Morgan Stanley y otras —explica.

Muchos daban detalles macabros de lo que estaban viendo, pasando información un tanto confusa de unos a otros y fue entonces cuando Alessandra empezó a entender mejor lo que no quería, comenzó a abrirse, a vislumbrar que las Torres Gemelas se estaban derritiendo poco a poco con miles de personas dentro.

—En ese momento le comenté a algunos que mi marido trabajaba allí, ya que muchos lo ignoraban por llevar tan sólo meses en el puesto. Una de las chicas de otro departamento, Fiona, trató de ayudarme y me dijo que me fuese de la oficina.

Cuando salió de su trabajo, después de haber estado llorando sola en el lavabo, el World Trade Center ardía pero se mantenía en pie. A pesar de ello, Alessandra jamás pensó en llegar hasta allí, unas 70 manzanas hacia el sur, porque dice que hubiera sido una locura intentar encontrar a su marido entre el pánico y el gentío confuso huyendo en todas las direcciones.

Decidió irse a su casa en Queens e iniciar una interminable espera, quizá las horas que hubiera podido tardar Paul en caminar hasta la calle 59 en Manhattan para después cruzar el puente de Queens y llegar hasta la última parada del tren "N", una odisea que para otros supuso llegar con el pelo bañado en escombros a las 12 de la noche de ese mismo día.

—Yo pensé que él vendría a casa y que yo tenía que estar para recibirle. Sabía que podía ocuparme de él porque estaría muy nervioso —cuenta con un tono de angustia.

En el taxi tuvo una discusión con el conductor caribeño,

puede que de Bahamas, Surinam o Jamaica, porque a veces ponía la radio y otras veces la quitaba, nervioso porque a él también se le podía estar muriendo la mujer en los alrededores de las torres.

—Me dijo que su esposa también trabajaba en la zona y pensé que los dos estábamos pasando por lo mismo. El hombre estaba inquieto, muy nervioso. Había mucho tráfico, pero el tipo me cruzó el puente Queensborough sin importarle. Cuando empezamos a movernos y salir de Manhattan los dos miramos hacia el sur y lo vimos. Vimos que sólo quedaba en pie una de las dos torres.

Dice Alessandra que los dos se quedaron callados, en un silencio sincronizado. La distancia entre el caribeño con el inglés farragoso y la mujer blanca de tímida apariencia se acortó por las ventanillas de la derecha, por donde ambos imaginaron su destino inmediato.

La radio les confirmó que la capa densa de humo que bañaba el East River a lo lejos eran los restos del monstruo de 110 pisos, que se precipitó con estruendo hacia el abismo en menos de cinco segundos.

Alessandra empezó a especular con el edificio de Paul, si era uno u otro el que quedaba en pie o el que se había ido, hasta que la voz monótona de la emisora, de ruido de fondo necesario, comenzó un ascenso súbito para afrontar la sorpresa casi calculada del segundo estruendo, los gritos de impresión y el espanto por ver repetida y confirmada la más espantosa de las visiones.

Atascados en la calle 31 de Astoria, la principal del barrio griego y la arteria por la que atraviesa el tren elevado de norte a sur, se empezaron a hacer a la idea de que ya no quedaba nada.

—'Dios mío', me dije, 'se ha caído la segunda torre'. No sabía qué hacer. Pensaba que todo esto era una locura, una gran locura, y no sólo pensaba en mi marido, sino que empecé a acordarme de todos los demás, de un amigo suyo que también trabajaba en el piso 101, y de un primo suyo, y de otro amigo.

Llegó a las 11.30 de la mañana a su casa, un apartamento amplio de dos habitaciones. Todo estaba callado y apenas había movimiento en la calle.

Sentada en el sofá de todas las noches pudo ver por primera vez la conmoción, el colapso repetido y las caras atónitas de medio mundo, los mil y un planos que dejaron claro que para muchos fue imposible escapar con vida de la masacre.

Recibió una llamada pero no era Paul. Era su madre histérica y nerviosa, preguntando si su hija estaba bien, ansiosa, llorando, como echa un lío, tal y como explica Alessandra.

En unas horas llegaron hasta su casa su madre y su suegra, una señora mayor con problemas de vista que también trabajaba en la ciudad. Logró cruzar el puente cuando ya nadie podía entrar ni salir y cuando todos los demás accesos a la ciudad habían sido cortados.

Fue una historia repetida millones de veces aquel día, miles de personas que caminaron horas y después fueron remolcadas por buenos samaritanos que tenía un sitio en su furgoneta, o a los que no les importaba hacer paradas imprevistas en casas de gente que no habían visto en su vida, algo tan poco neoyorquino que hubiera resultado cómico contado fuera de contexto.

Pero aquel día la gente lloraba con sólo mirar a la cara a la persona que tenía al lado, preguntándose donde estaba cada uno cuando se apagaron las luces en el bajo Manhattan, si había visto lo mismo o era tan sólo una broma grotesca y exagerada.

Nada se parecía a lo de siempre, y menos que nada aquella reunión solitaria de tres mujeres rezando para que un hijo, un yerno y un marido volviese a casa.

Pegadas a la tele vieron pasar el tiempo, con las interrupciones sobrecogedoras del teléfono, que funcionaba a ratos y casi por impulsos. Las líneas estaban caídas y era más fácil recibir una llamada del extranjero que una local.

—La única persona que pudo llamarme las primeras horas fue mi cuñada que vive en Inglaterra. Le dije que no sabía donde estaba Paul. Me resultó extraño que ella pudiese hablar con gente en Nueva York con la que no pude contactar —relata, devolviendo la sorpresa a su cara, reviviendo.

—Después me llamó gente, pequeñas llamadas, gente que volvía a casa, incluso el amigo de mi marido que trabajaba en el 101. Estaba bien porque llegó tarde a trabajar, como a las 9 de la mañana y para entonces ya no pudo subir. Vio a la gente saltando y salió corriendo. Y yo seguía pensando que todo el mundo estaba bien pero mi marido no aparecía.

Cuenta la joven nacida y criada en Queens, que fue la noche más larga de su vida.

—Nos quedamos toda la noche despiertos, esperándole, viendo la televisión, tratando de saber si le podíamos ver, dejando el teléfono libre por si llamaba. Fue horrible, horrible. Creo que esa noche cerramos los ojos unos 30 minutos. Estuvimos allí sentadas, reunidas, esperando. Llamé a su celular por si lo cogía, pero siempre saltaba el contestador, y pensaba que si funcionaba es que estaba bien. En la cabeza me hice a la idea de que estaba bien.

Ese autoengaño le duró a Alessandra más de lo que cualquier otra persona hubiera estado dispuesta a soportar. Sabía que su marido trabajaba en uno de los pisos a la altura del impacto del avión de American Airlines, que otros se quedaron atrapados en las escaleras hacia abajo, y que muchos otros murieron al colapsarse el rascacielos, pero para ella Paul estaba bien, porque siempre llamaba a casa cuando se retrasaba y porque era su obligación volver. Jamás se le ocurrió contemplar la opción más lógica, la resignada, la de pensar que podía ser parte de las 6.000 víctimas de las que se hablaban en la primera semana. Estaba decidida a ignorar las hipótesis o las teorías porque Paul salió del edificio y estaba en alguna parte, esperando para poder llamar a su mujer y volver a su vida de siempre.

Así fue como después de 48 horas de espera junto al teléfono, Benedetti salió la mañana del segundo día después de las torres dispuesta a darlo todo en hospitales y centros de acogida para encontrar a su marido.

Los días siguientes fueron también de sol, como si nada hubiese pasado, aunque la rutina tardó tres meses en volver a ser parecida, nunca la misma. La incógnita era saber hasta dónde se podía llegar tras la masacre, si el metro, —que en Nueva York sufre de una paulatina decadencia, sucio, desordenado y pendiente de unas constantes reparaciones— iba a lograr el permiso necesario para volver a entrar en Manhattan de nuevo.

El "N" que recorre Astoria lo hizo sin más vacilación, como en una jornada normal, aunque en las estaciones cercanas a la zona cero no paraba, y pasaba de largo chirriando lentamente, con misterio y con las ventanas cerradas a cal y canto, como en un túnel del terror de un parque de atracciones antiguo y descuidado. En esos meses fue imposible evitar que el olor desconcertante y gris entrase en los vagones a su paso por las estaciones desvencijadas.

Creo que deberías ir a la ciudad a buscar a Paul, porque si no lo van a dar por perdido, le recomendó una amiga.

—Una ex compañera de trabajo me dio información sobre los sitios a los que ir —confirma—. Me dijo que me iba a ayudar, que recorrería todos los hospitales, uno por uno. Mi madre quería venir, ansiosa, pero le dije que se quedase pendiente del teléfono. A esas alturas el teléfono no paraba de sonar, aunque nunca era Paul —cuenta ahora más serena, como metida en el oficio de narrar sin pensar.

Finalmente se marchó a la ciudad para buscar a su marido.

—No me importaba mi trabajo, él era la prioridad y ni siquiera se me ocurrió llamarles para excusarme o pedir permiso. Por supuesto que entendieron. Fueron buenos conmigo —dice en tono condescendiente—.

—En cuanto llegué a la ciudad me di cuenta de que todo estaba muerto, como si el mundo se hubiese acabado.

Llegaron al Downtown, a The New School — una de las universidades de Nueva York— y allí había una división con un hospital donde las primeras víctimas habían sido admitidas. Era el primer sitio al que ir.

Las colas matinales fueron las más largas, dando la vuelta a la manzana. La esperanza de encontrar a los familiares en los centros estaba intacta, y el 12 y el 13 de septiembre fueron jornadas de incansable tesón para preguntar, mostrar las fotos de los desaparecidos y aguantar lo indecible para obtener una respuesta de un médico, sin comer ni pensar en otra cosa.

Además de Alessandra, en las primeras horas de la mañana había un grupo de amigos buscando a Paul en otros centros que tuvieron que aguantar largas filas también.

—No me di cuenta de cuánta gente estaba pasando por la misma situación hasta que vi aquella escena. Pensé que era la única con una angustia tan grande, pero éramos miles de personas —reitera, quedándose pensativa—. Había gente colgada del teléfono, pasándose información de unos a otros. Me llamó la atención el movimiento de gente, cómo los neoyorquinos se entregaron, cómo hemos sido siempre los antipáticos y los de mal carácter, y ahora estábamos ayudando a los demás. Todo el mundo fue maravilloso y sabías que en una situación así debían sentirse mal, pero todo el mundo fue muy amable —relata, ahora con cierto entusiasmo.

En la cola para averiguar si Paul estaba en la lista, Alessandra se encontró con una mujer esperando por su cuñada. Ambas se conocían de haber trabajado juntas en Bloomingdale's, los famosos grandes almacenes de Lexington Avenue. Resultó que ambos desaparecidos trabajaban juntos en la misma planta, en la 92, pero nunca se llegaron a conocer.

—Era una situación muy extraña, pero nadie perdió los nervios. Todo el mundo pensaba que les íbamos a encontrar.

La búsqueda interminable acabó con el final del día, con el mismo vacío por no saber dónde estaba Paul, saber al menos que había pasado con él. Dice la incansable Alessandra que al menos se sintió mejor por haber cumplido su obligación.

—Hice lo que debía —razona.

Después de rastrear en las listas llegaron días de colgar carteles por toda la ciudad por si alguien sabía algo. Hicieron lo mismo que otros miles de personas, familiares con un montón considerable de fotocopias en las manos y con caras serias atendiendo a la prensa.

El goteo empezó en el primer amanecer después del atentado, las primeras caras colgadas, hasta convertirse en un santuario sucesivo y prolongado que provocó una procesión inolvidable el sábado por la noche, cuando cientos de neoyorquinos se concentraron en torno a las fotos para alumbrarlas con velas, repasando cada cara e inventando un pie de foto ficticio, empujados por la sucesión inagotable de imágenes de la televisión las 24 horas desde el instante mismo en que el primer avión llegó a su destino. Lo lógico era estremecerse, pensar en que muchos de esos vecinos de la Gran Manzana habían quedado devastados allí abajo, en aquel agujero tenebroso.

La concentración se produjo en torno a una institución militar en la calle 23 y Lexington, cuando visitar hospitales por si acaso ya no tenía demasiado sentido.

Alessandra lo averiguó por el boca a boca y fue hasta allí

para que todo el mundo pudiese ver la foto y los datos de Paul.

—Colgamos las imágenes por todas partes, entre varios amigos que nos ayudaron y lo pusieron en todas partes, hasta en Nueva Jersey. Me hizo sentir bien, porque al menos la gente le vio la cara, sabían que estaba ahí, que existía, sentí que su foto estaba en todas partes. Incluso alguien me dijo que le iba a hacer famoso y yo le respondí que ojalá, que esa era mi intención. Es lo menos que puedo hacer —dice con tono melancólico, echándole de menos.

Paul Benedetti era un tipo alegre, nacido en Queens en 1971. Allí vivió toda la vida, neoyorquino de ascendencia ucraniana por parte de madre y boricua por parte de padre. Conoció a Alessandra en 1994 por casualidad, después de haber compartido amistades comunes en el instituto y de haber transitado las calles del mismo barrio durante años sin encontrarse.

La primera cita fue informal, dos amigos y tres mujeres. Alessandra se fijó en Paul, aunque pensó que éste estaba ya enganchado con otra de las del grupo. Al final resultó que no y que la que le reía los chistes a Paul era Alessandra.

—Siempre me decía que yo me reía de sus chistes y que por eso estábamos juntos. Le encantaban los Simpsons y usaba frases de la serie —dice, regalando la primera sonrisa del día, con la mirada perdida.

—Era un gran tipo, muy divertido y con un gran sentido del humor —se ríe entrecortada—, muy fácil de acceder, la clásica persona que no se enfadaba por nada, muy seguro de sí mismo, que no era guapo, ni alto ni muscular, como le gusta a muchas mujeres. Sabía que tenía una buena apariencia interior, y eso le ayudó —recuerda con soltura.

—Le fascinaba beber, tanto que me sorprende que no fuese alcohólico, y siempre scotch. Bebía durante el fin de semana pero no entre semana. Era responsable con su trabajo, mucho.

Se casaron en Nueva York por lo civil el 27 de octubre de 1997, pero tuvieron una ceremonia en Antigua y Barbuda, en marzo del 98. Nunca tuvieron hijos porque a él no le gustaban demasiado, y sus planes inmediatos pasaban por estar juntos y disfrutar el uno del otro sin ataduras.

—Es algo que se quedó en suspenso —lamenta, triste de nuevo.

Alessandra recuerda el día a día y se echa en cara el no haberle parado esa mañana, no saber siquiera lo que llevaba puesto.

—Me dijo que me quedase en la cama y no pude verle, y cuando tuve que describírselo a la policía tenía que suponer y es algo que he lamentado una y otra vez, pero quién sabía lo que iba a pasar. Supongo que son cosas del destino, pero yo no lo creo. Todo el mundo me dice que las cosas pasan por un motivo bueno, pero aún no entiendo cuál puede ser la causa de algo así. Desde luego para mí no tiene nada de bueno. Nosotros éramos almas gemelas, yo estaba hecha para estar con él, y no con otra persona. Nunca discutíamos, nuestra relación crecía cada vez más y ya llevábamos cuatro años de casados. Ese día toda mi vida desapareció.

La resistencia a perderle la mantuvo alejada de la zona cero, a pesar de que la ciudad había instalado una plataforma para familiares y amigos de las víctimas unas semanas después del 11 de Septiembre. Alessandra no quiso bajar porque su esperanza estaba en las camillas de los hospitales o en una llamada que le dijese que su marido había estado inconsciente durante meses y que no habían podido reconocerle. Jamás le imaginó cayendo con la torre, incinerado o destrozado. Ni siquiera tuvo pesadillas de ese tipo, concentrada en sacar su esperanza adelante.

—Ni se me pasó por la imaginación que hubiese muerto allí —dice con convicción.

—Nos enteramos de que se podía tomar un barco hasta Battery Park City —un conjunto de edificios pegado al Distrito Financiero que se empezó a construir en 1962— sólo para familiares. Cuando llegué allí vi la intensidad del accidente y ahí me di cuenta de que no era posible que estuviese vivo —explica dejando entrever por primera vez la inevitable derrota de su persistencia.

Entraron por Battery Park City y atravesaron el antiguo Winter Garden, una estructura abovedada de cristal creada a modo de pasadizo que conectaba el paseo lateral del río Hudson con las torres gemelas.

Con el desolador panorama de destrucción alrededor, Alessandra se encontró con la respuesta que buscó en hospitales y en lugares muy alejados de la realidad, tan lejos como 20 ó 30 manzanas del lugar de los atentados.

Piensa en lo que ha quedado, nada para ella. Nunca

le llegaron a devolver nada de su marido, ni un rastro del cadáver para poder confirmar que Paul murió allí y en qué circunstancias. Tocaba atar cabos y dejar que la imaginación completase el resto del rompecabezas.

—Siempre pensé que encontrarían cuerpos enteros, pero a los meses supe que sólo serían restos humanos. Me mandaron un sobre grande a casa enviado por forenses para conseguir más datos del ADN de Paul, del cepillo de dientes. Llamaron al dentista para pedir su récord dos semanas antes de que me enviaran el sobre y pensé que me iban a enviar algo, pero no ocurrió —certifica triste.

El funeral que Alessandra estuvo evitando por no perder la esperanza nunca llegó como nunca llegaron los restos mortales de Paul.

—Ahora tengo claro que murió en el acto y le comenté a un amigo que quizá todo lo que hicimos fue una pérdida de tiempo, y mi amigo me dijo que cómo podía pensar eso, que esa esperanza que tuve pudo haber sido buena.

—Siento que hice algo bueno por él —prosigue después de una pausa. Hice todo lo que pude y ahora tengo la conciencia tranquila—remata con un nuevo brío.

Para el final queda la especulación, quizá lo de menos pero quizá una pregunta para toda la vida, saber qué hizo Paul y porqué nunca pudo salir. Alessandra se resistió durante meses a pensar en eso pero el tiempo pudo con ella. Ahora tiene su propia teoría.

—En la segunda torre el avión se estrelló por debajo del

nivel de mi marido, así que pensé que podía haber salido. Pensé que tuvo tiempo para escapar. Nunca pensé que se iba a quedar en la oficina.

Recuerda el atentado de 1993 en el que Paul también estuvo presente. —Me acuerdo de que me contó tanto sobre aquello, que fue una cosa poco importante, que después salió con sus compañeros de oficina y comieron pizza. Siempre estaba bromeando. A él le gustaba estar en casa y conmigo y por eso supe que volvería —afirma angustiada, convencida de su idea.

—Después de todo este tiempo, tengo la sensación de que después de dejar el mensaje, no tuvo tiempo de bajar los pisos cuando se estrelló el avión. Yo sabía que había unos niveles a la altura de la planta 70 donde estaban los ascensores express que te sacaban. Mucha gente hizo lo mismo, y salieron, y supuse que él había hecho lo mismo. Pero ahora, que no hemos oído nada de los médicos, creo se quedó atrapado por el fuego, que la seguridad del edificio les dijo que se quedaran en el lugar, que había habido un ataque en la primera torre y que había que quedarse, que no era seguro —explica con calma pero sin querer perder el hilo.

—Como un líder de equipo tenía que asegurarse de que todo el mundo estaba bien y juntos —sigue pensando deprisa—. También creo que intentó ayudar a su gente y que cuando llegaron a un cierto nivel, el avión impactó y perdieron el conocimiento o se quedaron atrapados. El además llevaba gafas y no veía nada. Esa era la otra cosa que me quedé pensando, que quizá intentó llegar hasta abajo pero que no pudo llegar y por lo que escuché que todas las ventanas explotaron, que muchos salieron volando. No sé.

Me siento como en el limbo porque no tengo información de él, ni siquiera evidencia de dónde estaba al morir.

Se para un segundo pensativa y surge el mejor momento para dejarlo, para no darle más vueltas, tras dos horas y media de conversación en la cafetería del Plaza. A pesar de todo, hace amago de pagar la cuenta y sale a la calle con ganas de dar un paseo por la primavera recién estrenada de Central Park. Hace sol y hay que aprovechar el bullicio de una ciudad que empieza a despertar después de un inicio de temporada funesto.

Han pasado siete meses y Alessandra ya está lista para hablar de cualquier cosa, de enfrentarse con una cámara de fotos y mostrarse en público sin pudor y con el suficiente autocontrol. Se sorprende ante lugares que nunca había visto y parece satisfecha con su vida de nuevo, contenta con un día mucho más agradable de lo que se esperaba en un principio, aliviada por haber afrontado tantas preguntas y tantos recuerdos. Es posible que sonriese al pensar en su homenaje del día a Paul, uno más, aunque éste para la posteridad, para hacerlo sonar en la mayor cantidad de bibliotecas posible.

PABLOSCARPELLINI

Peter Bitwinski, 70 pisos en silla de ruedas

Se levantó con toda la antelación del mundo, como casi siempre, sin saber que esa mañana acabaría contando los minutos de más que le hubieran bastado para morir.

Peter Bitwinski, (Bayone, Nueva Jersey, 1953), decidió ponerse pronto en marcha esa mañana —a las 5.30 de la madrugada—, uno de esos días en los que, según él, daban ganas de ir a trabajar por lo soleado y lo despejado del panorama.

Es un tipo al que le gusta tomarse las cosas con calma, desayunar sin prisas e incluso salir a correr antes de ir a la oficina. Está acostumbrado y hecho a la rutina, a los mismos horarios, al mismo transporte público y a las mismas caras de siempre al entrar en su lugar de trabajo. Lo certifican sus 25 años con la Autoridad de Puertos de Nueva York y Nueva Jersey, empleado como contable desde 1979 en el piso 69 de la Torre Norte del World Trade Center en Manhattan.

De esa mañana no recuerda nada raro, el mismo tiempo para llegar hasta su puesto, el mismo movimiento a esas horas de la mañana en la entrada del edificio y la misma cantidad de gente en los ascensores hacia su destino.

Llegó a su oficina a las 8.15, cuando aún no había aterrizado casi nadie y todavía faltaba más de media hora para que todos estuviesen sentados en su puesto, después del ritual de bajar a desayunar a la cafetería de la planta 43, un piso por debajo del sky lobby, en el nivel de los ascensores express.

Al otro lado de la oficina, en la cara norte, trabajaba John Abruzzo, compañero de Peter durante 20 años y atado a una silla de ruedas desde los 14 tras sufrir un accidente de natación. John llegaba hasta el trabajo a bordo de una furgoneta adaptada con los cambios en el volante, después de que durante años su padre lo trajese hasta la oficina hasta su fallecimiento a finales de los 90.

Peter dice que John nunca hablaba de las circunstancias en que quedó paralizado de joven, que eran muy buenos amigos pero no tanto como para hurgar en heridas del pasado, compañeros en lados opuestos de una oficina con cientos de contables.

Aquella mañana, el golpe que ambos sintieron 20 pisos por encima de sus cabezas les ayudó a hacerse más amigos que nunca, de forma casi obligada.

—Puse en marcha la computadora y me preparé para una reunión con mi jefe. Fueron llegando más compañeros y volvieron los del desayuno como a las 8.45 de la mañana. No pasaron ni 3 minutos cuando sentimos este tremendo impacto de algo que golpeó el edificio. Lo sentí como en la espalda. Yo estaba de cara a Nueva Jersey (oeste) y el avión golpeó unas 20 plantas por encima nuestro, entre el 89 y el 94 —explica Bitwinski.

—Me recordó a estar en un accidente de tráfico porque la inercia me echó hacia adelante en mi escritorio. Era lo más raro del mundo. No sabías qué hacer ni hacia dónde ir —dice.

Inmediatamente supo que algo malo pasaba porque el edificio se movió violentamente durante unos segundos, de esos en los que todo se congela por un momento, según las propias palabras de este funcionario de 51 años.

—Me levanté y todo estaba rodando. No me entró pánico, pero mi instinto me hizo ir hacia los ascensores en lugar de intentar averiguar lo que estaba pasando o mirar por la ventana hacia arriba.

Dice John que en los 25 años que pasó en la torre nunca sintió nada parecido. Había discutido cientos de veces con compañeros y con amigos lo de las cifras arquitectónicamente correctas en la cuestión de la oscilación permanente del gigante, como unos 30 centímetros a cada lado cuando había tormentas fuertes, pero esto era distinto, algo así como si se fuese a partir en dos el edificio.

—Al llegar a una de las esquinas, vi a mi jefa con cara de pánico mientras todo se movía. Finalmente, unos 20 segundos después el swing cesó —asegura—. Supimos entonces que no íbamos a morir pero también sabíamos que era algo siniestro, muy grave.

Tras el bamboleo, una de las supervisoras pasó gritando entre los cubículos de pared alta para que todo el mundo saliera, sin más dilación.

Peter justifica la inmediatez de su compañera.

—Cuando estás 70 pisos por encima del suelo estás en tierra de nadie, y ahí es cuando te entra el miedo. No te puedes escapar.

La primera persona que Peter vio en la zona de los ascensores fue a John en su silla de ruedas motorizada, y casi de forma inmediata empezó a vislumbrar la única posibilidad de sacar a su compañero por las escaleras. Estaba a punto de repetirse la traumática experiencia del atentado contra el World Trade Center de 1993, donde varios hombres se vieron obligados a cargar con John y su silla de 75 kilos hasta abajo. Tardaron más de 6 horas en sacarlo.

El susto obligó a la Autoridad Portuaria a tomar medidas, y por eso se encargaron de comprarle a Abruzzo una silla especial de evacuación de poco peso, con una pequeña estructura metálica y una silla de tela amarilla en el medio. El encargado de planta en caso de emergencias dio la orden de no usar los ascensores, lo que dejaba indefenso a un hombre paralítico, de 125 kilos de peso y con una silla de ruedas demasiado aparatosa como para moverse por las escaleras en un incendio de esa magnitud.

Bitwinski y un grupo de otros nueve hombres se ofrecieron voluntarios para llevarse a su compañero inválido y esperaron tranquilos a que el resto de la plantilla empezase a bajar. Era obvio que no sabían que el tiempo corría en su contra, que la torre iba a desplomarse como un castillo de naipes a las 10.28 de esa mañana tan maravillosa y soleada, y que les quedaba menos de una hora y cuarto para conseguirlo.

—Tenía que ayudarle porque es mi amigo —cuenta Peter—. John estaba en estado de shock y le pregunté que dónde estaba su silla especial. No sabía, quizá en alguna parte de la planta. Por supuesto que él no quería quedarse allí clavado, en su silla de siempre. Todo ese peso no era una opción.

Peter se movió con soltura por el lado opuesto de la planta buscando la famosa silla que llevaba años enterrada en el más absoluto de los olvidos. Bitwinski relata que mientras buscaba vio por la ventana cantidad de pequeños trozos de papel cayendo, material de oficina. Por fortuna para él, no vio el fuego ni las llamas que en ese momento ya tenían varios kilómetros del horizonte neoyorquino.

Encontró la silla gracias a un tal Ritchie, un compañero que sí sabía donde estaba, y volvió junto a los otros nueve voluntarios.

—Tanta ayuda me hizo sentir bien, porque sabía que la situación era complicada —cuenta Bitwinski con cierto agobio.

En ese punto John no abría la boca, ni una palabra, expuesto a la bondad de los demás para salir de allí. Sus compañeros lo levantaron y lo sentaron en la silla de emergencia.

Para entonces había pasado unos 15 minutos tras el golpe y alguien, uno de los del grupo que sí logró ver parte de la escena en vivo, les hizo saber que estaban destrozados unos cuantos pisos en la parte alta de la torre. Aún así nunca fueron capaces de llegar a la conclusión de que la torre se vendría abajo.

Pasadas las nueve de la mañana ya no quedaba nadie en la planta 69 que no fuese del grupo de John y su silla de ruedas adaptada.

—A partir de ese momento empezamos el descenso desde la 69 con cierto ritmo, con dos hombres por debajo y otros dos por delante. Empezamos a ver cómo podíamos bajar escalón por escalón con dos tramos de escaleras entre cada piso, unos 20 peldaños por cada tramo de escalera —relata Peter—. Hacíamos rotaciones entre nueve hombres cada 4 ó 5 pisos. Al principio no era muy difícil, pero según avanzamos la cosa se complicaba por el cansancio.

Al parecer, a esas alturas no había casi gente, lo que hizo el descenso fluido dentro de las limitaciones, las dificultades para coger el ritmo, y el creciente olor a humo según iban avanzando.

Cuenta Bitwinski que John no decía mucho y que sólo se animaba cuando alguno de sus compañeros le gastaba una broma sobre su peso para aliviar la tensión.

Por lo demás, había poco que contar, que las escaleras parecían las mismas e interminables, como no, y que nadie se preocupaba por contar los pisos que faltaban o por mirar la hora que era.

—Creo que John sabía que era una situación crítica y estoy seguro de que no disfrutó con el hecho de tener que ser trasladado, supongo que porque sabía que todos teníamos que salir de allí y él nos retenía —argumenta Bitwinski.

—Afortunadamente todo funcionó favorablemente. No había casi nadie en el camino porque la mayoría nos llevaban una ventaja de 15 minutos y por arriba no nos topamos con nadie de bajada hasta que no descendimos unas 20 plantas más. Después nos hicimos a un lado y dejamos pasar a algunos que venían desde arriba. Estaba empezando a sentirse bastante el humo, pero se podía respirar bien —relata Peter.

A la altura del piso 50, las cosas se pusieron feas por la densidad del aire, por lo que llegados a la 44, en el intercambiador de ascensores, el grupo decidió cambiar de escalera.

—Era raro estar allí porque siempre estaba lleno de gente, pero esta vez no había nadie —explica Bitwinski.

—Nos fuimos a la otra escalera y era mucho mejor.

Empezamos a bajar desde la 44, un poco cansados, sudando mucho más, con las corbatas desanudadas. Había menos humo pero hacía más calor. Lo estábamos consiguiendo y no pasaba nada. No había pánico y la gente que bajaba estaba tranquila, porque había movimiento y eso no daba motivos a nadie para perder los nervios —continúa.

Llegados al piso 38 vieron a los primeros en dirección contraria. Eran algunos bomberos cargados hasta los topes y haciendo paradas para coger aire. Para entonces ya llevaban una escalada de unos 100 metros hacia arriba y unos 1.200 escalones en dirección hacia el fuego. Muchos de esos se quedaron en el intento.

—Pensé que era gente muy dedicada por lo que estaban haciendo. Nosotros estábamos saliendo y ellos subían. Nadie pensó que aquello se iba a desplomar. Ninguno de nosotros lo pensamos —analiza Peter con tristeza.

Dice que lo único que le preguntó a uno de ellos es si el edificio estaba seguro. No le contestó nada y siguió subiendo como si tal cosa. —Preferí no sacar conclusiones de la contestación —dice.

—Eventualmente más y más bomberos subían con todos los aparatos encima, sudando como pollos y yo pensando en lo duro que debía ser para ellos semejante escalada —prosigue—. Cuando llegamos a la planta 20 abrimos la puerta de la escalera y vimos a un tipo que estaba teniendo como una especie de ataque al corazón y sabíamos que necesitaba ayuda pero no podíamos hacer nada. En ese punto nos dimos cuenta de que cuanto más bajábamos, era más difícil avanzar porque más y más gente se agolpaba en las escaleras, pero seguíamos sin sacar conclusiones, sin pensar en nada, sólo pensábamos en llegar a la salida —cuenta con mucha claridad y recordando cada detalle.

A pesar de todo, seguían los chistes en el grupo y John parecía sentirse a gusto entre sus amigos, que ya pensaban en hacer una parada para descansar después de 40 pisos.

En la planta 20 un bombero había roto una máquina de refrescos, situación que uno de los hombres aprovechó para repartir unos 'snapples' y agua a discreción. Coincidieron también con la planta en la que los bomberos habían instalado una especie de base para controlar a los hombres de arriba.

Los voluntarios que cargaban a Abruzzo se tomaron un respiro de unos pocos minutos pero cuando estaban dispuestos a reanudar el descenso los detuvieron. Había una orden desde abajo de despejar la escalera para dejar paso a un equipo pesado que pretendían hacer llegar hasta las plantas del incendio.

Dice Peter que en realidad no tenían prisa por salir del edificio ni sensación de agobio por el antecedente del atentado del 93. Entonces no hubo lucha contra el reloj y en esta ocasión no tenía por qué ser distinto.

Sin embargo, cinco minutos después las cosas cambiaron de forma radical. Se escuchó un ruido volcánico, las luces se apagaron y el edificio volvió a temblar con violencia. Era el colapso del edificio gemelo, que hizo estremecer a todo el grupo.

A pesar del estupor inicial y del temblor interno, ninguno

alcanzó a ver nada por las incómodas y verticales ventanas
—del piso 20— que componían el escarpado y lineal diseño de las Torres Gemelas. Un empleado del mirador de la
planta 110, repleto siempre de turistas, explicaba a los que
intentaban hacer fotos de la vista cada día, que la forma de
las ventanas pretendía evitar la sensación de vértigo. Aquel
día en que todo se vino abajo evitó pánico y confusión en
un grupo al que le vino de maravilla no saber nada más.
Caminaron con la especulación como único argumento.

—Por suerte para nosotros, apenas había luz por las
ventanas y seguíamos sin saber con claridad qué era aquel
estruendo, aunque nos asustamos de verdad —cuenta
Peter—. Si hubiéramos sabido, nos hubiéramos paralizado,
porque si la Dos (por la torre) se había caído, la Uno estaba
cerca de correr la misma suerte —analiza.

Las cosas se calmaron pero seguían sin el permiso para
seguir bajando. El grupo convenció a los bomberos que en
esas condiciones ya nada podía estar de camino hacia arriba
y lograron que les dejaran marchar.

—Cuando llegamos al piso décimo, el ambiente era
mucho más caótico, con tuberías de agua rotas. Nos quedamos parados, con gente detrás nuestro que no podía pasar.
Decían que estaban quitando parte de los escombros y ahí es
cuando surgió el pánico. La gente empezó a gritar.

Los gritos se hicieron constantes y el segundo sucedió
al primero casi de forma instantánea, formando una densa
madeja de alaridos en un tramo de escalera espeso. Se enten-
dían cosas como que les dejasen salir de allí, que se movie-
sen, unos sobre otros.

Dice Peter que estaban como en una caja, sin poder ver

nada afuera y con la angustia de estar detenidos como en 1993, pero con mucha más presión y un dominante olor a escombros y combustible.

—Empecé a pensar que el tiempo se acababa. John estaba bien, pero no hablaba y le gastamos bromas sobre la muerte y quedarnos allí, un poco de humor negro para quitarle hierro al asunto —explica Bitwinski con una media sonrisa de alivio.

Calcula que fueron cinco minutos parados en las escaleras, interminables por supuesto, llenos de miradas hacia arriba y hacia abajo, sin una respuesta clara. Sólo les hubiera faltado un reloj para completar una escena macabra, colgado delante en la pared, deslizando los minutos en retroceso, marcando los 30 que quedaban entonces para que todo desapareciese. Y allí estaba el grupo de los nueve valientes y su compañero inválido, con todavía diez pisos y mucha oscuridad y escombros por delante.

—Pensé en el 93, con todo el calor que venía de abajo y creímos que nos cocinábamos. Esta vez, la espera se nos hizo eterna de nuevo allí parados, pero luego nos movimos, entre agua, oscuridad y escombros. No se veía nada.

Unos minutos después lograron llegar a la enorme recepción del rascacielos, cubierta con una capa de varios centímetros de polvo gris y con menos luz natural de lo normal, opacado todo por la nube de los restos del edificio de enfrente.

Las puertas giratorias estaban atascadas y no había manera de salir. Bitwinski lo intentó con un extintor, pero no pudo. Finalmente un bombero que les vio cargando con John rompió uno de los cristales y lograron evacuar el edificio.

Accedieron a la calle por la parte trasera de la torre —oeste de la isla de Manhattan—, y se encontraron con todo desierto, como en una ciudad fantasma. Bitwinski miró su reloj y eran las 10.15, una hora y 20 minutos después de que comenzase su odisea colectiva en la planta 69.

Prefirió no mirar hacia arriba para contemplar lo que quedaba de esperpento. Agarraron a John de nuevo y comenzaron a caminar al norte por West End, una avenida ancha dividida por una mediana con el río Hudson a la izquierda.

Dos manzanas más adelante se detuvieron para tomar aire pero inmediatamente un policía se les echó encima para que siguiesen sin demora, en dirección a un ejército de ambulancias y vehículos de emergencia aparcados mucho más arriba, cortando la avenida.

—Continuamos un poco más, pero volvimos a pararnos por el cansancio. Entonces miramos hacia arriba y vimos el edificio en llamas y la columna de humo. La verdad es que no vi que la otra torre ya no estaba, y tampoco me lo dijo nadie. No sabíamos que se hubiese ido. Veía nuestra torre y suponía que la otra estaba detrás —explica Peter honesto.

Entonces empezó la macabra rutina de los minutos siguientes, de ver a gente saltando del edificio, algunos cogidos de las manos y otros en solitario, durante un rato, en pequeños intervalos. Peter se vino abajo, desmoralizado, y otro de sus compañeros empezó a maldecir como no lo había hecho en toda su vida, pensando en que habían sido elegidos para salir de allí y aquellos no, que qué clase de justicia divina era esa.

—Nunca le había oído hablar así. Estaba realmente furioso, porque en realidad fue espantoso. Durante dos días pensé que era horrible que hubiesen estado allí una hora y media aguantando hasta que se tiraron, con esperanzas de que los sacaran —explica muy afectado.

—Seguimos avanzando, y mirábamos y veíamos a otros caer, como a unas dos o tres manzanas desde donde todo se veía perfectamente. Observabas escombros, y más gente saltando.

A pesar de que era difícil no mirar, la policía y los bomberos no dejaron al grupo que se detuviesen bajo ningún concepto.

Finalmente, a la altura del Instituto Stuyvesant, cinco manzanas por encima de la tragedia, escucharon el inevitable final, el rugido que antes no pudieron presenciar en directo sino sólo imaginar, el final de las torres gemelas viniéndose abajo.

—Vimos una nube descomunal que venía hacia nosotros y no sabíamos lo que había dentro. Tampoco quisimos correr el riesgo de saber lo que contenía, que podía ser nuestra muerte entre otras cosas. Así que agarramos a John y salimos corriendo —detalla.

Intentaron refugiarse en el Instituto y lo consiguieron, justo a tiempo de poder traspasar y cerrar la puerta cuando el abismo se les venía encima.

Vieron el día soleado transformarse de gris intenso a un negro absoluto. —Era peor que la oscuridad de la noche, mil veces más desconcertante —indica Bitwinski.

Durante diez minutos permanecieron dentro, al parecer con el aire acondicionado a tope, lo que supuso un contraste para un John que empezaba a tener serios problemas respiratorios por llevar tanto tiempo en la silla, sin cambiar de posición y sometido al humo de las escaleras durante la bajada.

El grupo se disolvió al rato y todos los amigos de John se dirigieron hacia sus casas de la mejor forma posible, andando la mayoría, aunque todos llegaron sin problemas esa noche. Todos menos uno: el bueno de Peter Bitwinski, que se metió en la ambulancia con su amigo del otro lado de la oficina.

Los dos pasaron la noche en el Beth Israel Medical Center, en la calle 16 al este de Manhattan, y fueron atendidos por inhalación de humo.

Al día siguiente, Abruzzo volvió a su casa de Queens y Bitwinski a la suya de Nueva Jersey.

Meses después, este contable amable y honrado, soltero y con aires de soledad, buena persona de vocación, humilde, colaborador y tranquilo, con gesto a ratos de juerguista desorientado, de borracho al amanecer, sigue haciendo cálculos de todo aquello.

Dice que lo que más le impresiona es que salieran de la torre a las 10.15 cuando el colapso final se produjo a las 10.28.

—Sólo trece minutos después. Nos retuvieron varias veces. Suponga que nos hubieran tenido un poco más de tiempo en las escaleras, que el avión hubiera impactado 20 pisos por debajo, estaríamos incinerados. Dios nos eligió para salvarnos, para sobrevivir, y tristemente otros no lo fueron. Mucha de la gente que saltó y los que murieron en el edificio, y de ahí viene la tristeza, de ver a los bomberos subiendo, y saber que algunos de ellos, si no todos, se murieron, y son cosas que se te pasan por la cabeza de forma constante.

A pesar de que ya no queda nada, Bitwinski se mantiene conectado a la tragedia de alguna manera y de forma constante, al que fue su edificio casi desde su nacimiento en 1972, a los compañeros que murieron. Estuvo en el primer aniversario de la tragedia —decretado día de luto en su empresa— en la zona cero, y caminó entre el gentío en silencio, echando miradas hacia arriba y recordando, sintiéndose parte del lugar y de la historia, como con derechos adquiridos.

—Duele mucho ir allí. Es como caminar por una tumba. Cuando piensas que sólo encontraron a 800 de las 3.000 personas muertas, te estremeces. Muchos fueron parte del polvo y todo lo que hicieron aquel día fue ir a trabajar.

En su recuento mental, sabe que en total fallecieron 74 personas de la Autoridad Portuaria, 37 policías y 37 civiles. A algunos los conocía bastante bien, y a uno en particular, todos muertos en la Torre Norte, en distintas circunstancias.

Dice que algunos de ellos decidieron hacerse fuertes, como en una barricada en una sala de conferencias, dedicados a hacer llamadas y se quedaron allí para siempre.

—Supongo que lo compararon con el 93 y pensaron que los iban a sacar, que era su mejor opción.

Explica que otros oyeron el colapso cuando estaban en

el lobby e intentaron correr para salir del edificio, pero que no lo lograron.

—Otra compañera murió mientras la atendían en una ambulancia aparcada junto al edificio. Creo que tuvimos mucha suerte y que tomamos la decisión correcta —confirma en su repaso.

Después de la odisea, John y el resto han recibido trato de héroes, con reportajes en periódicos y televisiones locales, aunque casi todos le quitan hierro a las etiquetas y todos dicen que lo harían de nuevo si hiciese falta.

Por su parte, Abruzzo, el centro de la historia, tuvo tiempo en días posteriores de analizar el gran favor que le había hecho el grupo de compañeros, muchos de ellos con mujer e hijos. Lo único que acertó a decir a un diario local es que no podía hacer otra cosa que dar las gracias, lo que confirmaba la descripción de Bitwinski sobre lo parco en palabras de su compañero.

Su amigo más leal ese día rellena los huecos.

—Sabe que le salvamos la vida pero no dice nada. Lo dice todo con su manera de ser agradecida. En cuanto a lo de héroes, es un poco superficial. Cuando haces lo que haces en el tiempo en que los hicimos nunca piensas de lo que eres capaz. Lo único que sabíamos es que John era nuestro amigo y que el solo no lo hubiese logrado. No hubiera podido vivir tranquilo si le hubiésemos dejado allí.

Lia Friedman, el psicoanálisis de la zona cero

Fue de las últimas en levantarse aquel día y de las primeras en llegar a ver lo que medio mundo quiso pero no pudo. Quizá fue por eso, porque en realidad no le arrastraba curiosidad o morbo alguno, la cuestión banal de contemplar cadáveres, los esqueletos de las torres o cientos de bomberos llorando por las esquinas. De hecho, se lo pensó dos veces cuando la animaron a subirse a una furgoneta con médicos, el 11 de Septiembre por la tarde, en dirección a una zona cero tan nueva que aún no había sido ni bautizada por la prensa.

Lia Friedman dormía plácidamente en su apartamento de Jersey City en un colchón improvisado, junto a su marido, un americano alto y delgaducho, cuando la despertaron con una llamada imprevista. Su suegra llamaba para informarles que las Torres Gemelas se habían derrumbado mientras ellos descansaban y que a Lia la andaba buscando toda su parentela para saber si estaba bien.

La joven licenciada en psicología, todavía en aquella época a vueltas con una tesis sobre la adaptación de los argentinos emigrados a un país extranjero, contestó con la incredulidad de quien escucha semejante noticia, buscando por la ventana la silueta desaparecida de los dos edificios paralelos que contemplaban por las noches desde su recién estrenado apartamento de Nueva Jersey.

Pugliesi, su apellido de soltera, y el joven Friedman, entraron a ocupar aquel espacio el 1 de septiembre, en el estado habitual en el que entregan muchos apartamentos en Manhattan y alrededores, con todo por hacer y en condiciones lamentables sin margen para protestar demasiado. Lia tuvo que pintarlo, cambiarle las cerraduras y arreglar un agujero que reinaba en la puerta principal, además de acostumbrarse a las pocas cosas que se podían permitir por los altos precios y sus escasos recursos. El marido andaba buscando un laburo y Lia aún no podía aspirar a nada por no tener un permiso de trabajo.

Desde la doble ventana en oblicuo del pequeño dormitorio veían cada noche las torres, y el americano le sugirió en una de las veladas de verano previas, una con luna llena y alguna estrella en el cielo, que debían sacarle una foto para inmortalizar semejante postal. Lo dejaron para otro día, asumiendo quizá que aquella panorámica ya les pertenecía, como incluido en la letra pequeña de su contrato de alquiler.

En algún punto de aquella mañana sangrienta se volvieron a acordar de la sugerencia.

—Nos dijimos aquella noche, el mes que viene, pero nunca hubo mes que viene. Son la clase de cosas que luego vuelves a recordar ——explica Lia meditabunda——. Asumes que algo está ahí y que va a estar siempre. Por ejemplo con el clima, sabés que en Nueva York siempre nieva, pero si ya no va a nevar tenés que asumirlo ——recita contundente——.

Hace una pequeña pausa y cierra la reflexión.

—Las cosas que marcan cierta regularidad en tu vida, a veces se evaporan de repente, sin más.

Se le nota lo de Argentina (Mendoza, 1975) y psicóloga en sus estructuras, en su manera de plantear las cosas, tratando de convencerte con buenos argumentos y algún que otro verso. Es una chica transparente y rápida hablando, pero aun así no deja de expresarse con claridad. Le gusta dominar la conversación y al mismo tiempo es buena escuchando, de formación profesional. Es bajita pero no mucho, con una cara luminosa y con pecas, flaca y con unos ojos que se mueven sin descanso.

Defiende con pasión sus ideas pacifistas, no come casi carne ni pescado y sabe por qué lo dice: porque maltratan a los animales en la granja y porque en alta mar arrasan con lo que sea para aumentar los resultados de la captura.

Con una tarjeta telefónica de cinco dólares avisó en su casa de Mendoza de que todo estaba bien y que ninguno de los dos corría peligro. Su madre adivinó al hilo que su hija intentaría hacer algo por ayudar e intentó disuadirla. Lia la calmó con un par de mentiras sin rostro que pusieron fin a la conversación.

No tenía porqué ir a Manhattan. Apenas lo había transitado antes y en su vida había estado en las Torres Gemelas, suficientes argumentos como para no intentar nada raro.

Sin embargo, una hora después, tras una pequeña charla para ponerse de acuerdo con su marido, ambos estaban en uno de los muelles de la costa de Nueva Jersey, con la escena de la destrucción enfrente y atendiendo a gente que arribaba en un ferry del otro lado.

Muchos no estaban severamente lastimados. Algunos contaban sus propias historias de supervivencia y otros simplemente pasaban de largo en dirección a sus casas. Uno de los que recuerda bien Lia es un tipo con un maletín que se abrazó de forma emotiva a su mujer, que le esperaba hecha un mar de lágrimas en el muelle.

Después apareció una pareja de turistas alemanes con cara de pánico y completamente perdidos. Disfrutaban de su primer día de vacaciones en Estados Unidos cuando se les vino abajo la excursión y el alma.

Parece que el hombre, con una cámara de vídeo, recogió casi toda la escena de los derrumbes desde el ferry de Staten Island, el único transporte gratuito de Nueva York que ya a esas horas iba cargado con turistas tomando recuerditos de la Estatua de la Libertad y de la imponente silueta de acero y cristal de Manhattan.

—Esa mujer está muy mal. Se va a desmayar —se fijó Friedman a unos pocos metros de distancia.

El hombre estaba tocado pero la germana estaba histérica, vestida de ronda de museos y sin saber dónde estaba ni cómo volver al hotel en Staten Island.

Los Friedman les ofrecieron llevarlos hasta Manhattan para que pudiesen conectar de nuevo con su ferry, casi obligados por la inconveniencia de no poderles ofrecer el único colchón que tenían tirado en el suelo de su apartamento.

Averiguaron en el cruce de rumores del muelle que ya se había abierto un túnel de acceso a la ciudad, a través del PATH —el tren subterráneo que conecta ambos estados de un lado al otro del río Hudson— y se dirigieron a la estación más cercana.

Era un grupo que pretendía volver. Cruzaron como a las 3:30 o 4 de la tarde hasta la parada de la calle 33, cerca de Penn Station, porque el resto de estaciones estaban cerradas.

En Manhattan, el panorama era inusual, sin casi taxis del batallón de 15.000 que circulaban a diario, y mucha gente en bicicleta o en patines. También se veían a los que aprovechaban para transitar lo irreconocible con su perro, o los que investigaban el ambiente en pantalones cortos, sin nada que hacer más que mirar hacia el sur.

—En cierta forma era terrible, porque por un lado veías la nube y el caos, y por el otro te encontrabas la ciudad idílica, con toda la gente en la calle, sin tráfico y en bicicletas —explica Lia con una sonrisa de complicidad—. Era una situación surrealista, no era Nueva York.

Por supuesto que era un ambiente raro para estrenarse en la Gran Manzana como turista. Ver todo aquello en estado de shock era algo que andaba lejos de ser divertido.

Para la pareja teutona, la misión era dejarse llevar por ese par de buenas personas que los acercarían hasta su humilde albergue de Staten Island —el tradicional quinto condado de Nueva York, el de menos presencia en las guías para visitantes— y olvidarse de aquello hasta mejor ocasión para ver monumentos y rascacielos, o quizá nunca más.

En la confusión de mensajes policiales, Lia entendió que había que ir hasta Chelsea Piers, el muelle de la calle 23, para tomar el ferry que llevaba hasta Staten Island, pero resultó que volvía de nuevo a Nueva Jersey.

—Nos ofrecimos a acompañarlos hacia el sur donde pudieran tomar el barco adecuado, porque me imaginaba a esos pobres perdidos de vuelta a Nueva Jersey y bueno…. —resopla con un movimiento de ojos hacia el techo—. Es muy feo no saber a quién recurrir cuando estás en un país extranjero.

Tres calles por encima de Canal, ya en el cono sur de Manhattan, y después de una hora y media de caminata por falta de subte —o metro, o subway—, encontraron el autobús adecuado que les podría conectar hasta el lejano hotelito.

Se despidieron. La señora alemana lloraba en lengua materna y repartía abrazos a sus únicos amigos en el mundo en esos momentos, seguros ya de que lo peor había pasado. Ni Lia ni el marido volvieron a verlos nunca más, pero agitaron las manos a lo lejos con la satisfacción de saberse con el deber cumplido.

Lia convenció a su marido de que no podían irse a casa, que había que hacer algo para ayudar a todos los que estaban sufriendo allí abajo. Estaba la opción menos sufrida de donar sangre y allá fueron, en dirección a un hospital, aunque nunca les dejaron entrar. El centro médico permanecía blindado hasta los techos en espera de una avalancha de víctimas sin precedentes.

Sin embargo, en la misma puerta les indicaron el camino hacia el centro Jacob Javits, donde supuestamente se estaban apuntando los primeros voluntarios. Allí no había nadie, y un par de soldados les envió de nuevo hacia abajo, al muelle de la 23.

Caminaban los dos con ganas de ayudar, haciendo cálculos de las nacionalidades que podían haberse visto afectadas por la tragedia, y de lo mucho que podían servir con cuatro idiomas entre los dos: francés, inglés, italiano y español, y el marido estudiando para intérprete. Al final escribieron su nombre en una lista que sería infinita, números 78 y 79.

A eso de las 8 y media de la tarde, junto a otros 60 voluntarios, les preguntaron que qué sabían hacer y que si podían quedarse a dormir en el hangar gigante habilitado como base de urgencias.

—Dijimos que sí —reconoce un tanto preocupada—. Lo único que esperábamos es que no nos llevasen allí abajo.

Con el ambiente cargado y con el olor a barbarie que se respiraba en la ciudad, Lia recordó a su tía, desaparecida durante la dictadura militar argentina (1976-1983) e imaginó la sensación asfixiante descrita cuando joven de oír a gente sufriendo sin poder hacer nada.

—No había duda de que teníamos que quedarnos, pero nuestra ayuda podía ser limitada.

En el pabellón, normalmente un moderno recinto privado con canchas de baloncesto y un gimnasio distribuidos en varias plantas, había colchonetas y todo lo necesario para montar un recibimiento adecuado a los bomberos, policías y demás personas que esperaban por allí a lo largo de los días.

Antes de eso, los sentaron a todos y les dieron un pequeño discurso para contarles qué más esperaban para esa noche. Un hombre del cuerpo médico de la armada comenzó a explicar que iban a llegar cuatro tipos de bolsas con sus respectivos colores: negro, rojo, amarillo y verde.

—Nos dejó muy claro que iba a ser un trabajo duro y desagradable, que si alguno de nosotros no estábamos preparados, podíamos dejarlo e irnos sin más en el mismo momento —confiesa Lia—. De hecho dijo que había que tener mucho estómago para hacer lo que les iban a pedir.

Siguió sin que nadie tuviese objeción alguna y con un

gran silencio de atención en el grupo. Empezó a desgranar cada uno de los colores de los bolsas: las negras iban destinadas a los cadáveres que sabían que iban a llegar en breve; las rojas eran muy delicadas, para personas en estado crítico y sin casi posibilidades de contarlo a las que había que tratar lo mejor posible para que tuviesen una muerte plácida. Nada se podía hacer con los hospitales saturados como iban a estar; las amarillas, para los graves pero sin que peligrase su vida; y las verdes, para aquellos con un golpe o contusiones menores que no iban a tener problemas.

—Sé que suena macabro y extraño, pero así fue exactamente como nos lo explicó aquel hombre —se justifica Lia tratando de ser lo más honesta posible—. Contaban con que nosotros les ayudásemos con la gente que no iba a poder morir en los hospitales para que hiciésemos lo más humano posible. De hecho, esperaban a víctimas con los intestinos fuera y cosas por el estilo. Muy fuerte.

En el fondo todo aquello era normal a esas horas, con el alcalde Guiliani dando ruedas de prensa cada hora en las que calculaba un balance inicial de 10.000 muertos. Con ese volumen, no hubiera habido camas suficientes ni médicos bastantes para hacerse cargo de la hecatombe. Las alternativas estaban preparadas en varios puntos de la ciudad, y Lia esperaba junto a su marido, lista para entrar en acción.

Además de atender a los afectados, otra de las funciones asignadas a los Friedman era recopilar datos para la lista de desaparecidos. También eso pasaba por hacer de tripas corazón, porque la única manera de averiguar la información de muchos era metiendo la mano en la cartera, dentro de la bolsa, y palpar hasta encontrarla.

—Todo era muy chocante, me resultó muy extraño el procedimiento. Nos dijeron que tuviésemos cuidado al palpar por si encontrábamos jeringas, supongo que por droga o algo parecido.... En realidad no entendía nada pero me mantenía firme y a la espera.

También esperaban niños en un estado calamitoso, y todo con un equipo de gente limitado, casi ningún médico, algunos todavía en la universidad, y un tímido grupo heterogéneo de voluntarios anonadados con el horror que se les venía encima.

Pero detrás de las instrucciones precisas y macabras nunca hubo nada, ni un cadáver, ni una bolsa, ni una etiqueta con los distintos colores de la muerte en el World Trade Center. Los cálculos fueron del todo imprecisos, y los 10.000 en que pensaba Giuliani bajaron a 6.000 en el primer recuento oficial y hasta 3.000 casi un mes después, muchos pese a todo. La gran mayoría de esos no pudieron dejar ni el más mínimo rastro.

Así que Lia se limitó a dar agua, a recibir a los bomberos que llegaban destrozados de remover escombros y llorar a sus compañeros, pero por suerte para ella, no tuvo que meterle la mano en el bolsillo a nadie.

De todos modos, hubiese sido un caos tener que recibir a gente en ese estado porque no había forenses a la vista, ni personal médico cualificado, ni una triste ambulancia aparcada en la puerta por si se abría alguna plaza en los hospitales.

—Había mucha desorganización en ese momento —indica Friedman.

Dentro, en el pabellón y en el garaje contiguo, el ambiente estaba calmado, tenso pero tranquilo, a la espera de algún tipo de movimiento. Un televisor escupía las mismas imágenes repetidas y emitía sonidos lejanos para Lia, concentrada en organizar el campamento para la dormida y la cena de los bomberos.

Estos llegaron a medianoche como un batallón de legionarios triste y derrotado, dispersos como nunca antes. Llegaron a ser como 300 ó 400 en un goteo incesante a lo largo de la noche, silenciosos y sin querer hablar con nadie tampoco.

Lia los alimentó con café y las raciones de lo que había. Quiso curar a los que estaban ligeramente heridos pero la mayoría sólo estaban interesados en tumbarse un rato. Después les mostró un lugar donde dormir a los que fuesen capaces de esquivar las pesadillas con los ojos abiertos, fáciles de revivir en aquel cementerio de luces prendidas.

—Puse mi curiosidad de lado y me limité a ayudar a los bomberos. Nunca pregunté. Nadie quería hablar y no puedes meterles el dedo en la herida —afirma Lia muy acorde con su vocación—. Sin embargo, uno de ellos me paró y me dijo: No se imagina cómo son las cosas allá. Eran muchísimos y si necesitaban hablar tenías que escucharlos.

La psicóloga argentina, con toda su preparación académica para abstraerse en momentos críticos, tampoco lograba cerrar los ojos, presa de la ansiedad y la situación. Dice que era difícil con las potentes luces del pabellón abovedado, ubicado a la orilla del Hudson.

Eso fue como a las 3 de la mañana, después de haber charlado con propios y extraños de cualquier cosa, y de haber tomado café con unos padres franciscanos que también le daban al francés.

Tocaron diana a las 6 de nuevo, interrumpida en su corto sueño por uno de los encargados del lugar, que le pidió ayuda para poner en marcha el desayuno.

De nuevo atendió a los bomberos y a los policías, hasta que el mismo coordinador, de cuyo nombre no se acuerda Lia, la seleccionó para organizar un grupo de seis personas para llevar agua hasta el centro Jacob Javits.

Cuando regresó de su pequeña misión, se topó con una expedición de médicos y paramédicos que se aprovisionaban de material en el interior de una furgoneta.

—Me ofrecieron ir con ellos porque necesitaban alguien que les llevase agua —explica Lia con cierto misterio—. Pensé que íbamos hacia un hospital pero el coordinador me volvió a preguntar si estaba segura. Ahí volví a preguntar que a dónde íbamos y me dijeron que el destino de la furgoneta era el World Trade Center, o lo que quedaba de él.

Con su carácter simpático y tenaz, de eterna colaboradora, preguntó si eran ellos los que estaban seguros de que podía aportar algo allí abajo.

La dedicación de Lia y su persistencia, el estómago y el coraje para hacer lo que hiciese falta en una situación crítica, la convirtieron en candidata ideal para entrar en un puesto de lujo para cualquier voluntario, en primera línea de fuego con una de las pocas furgonetas de civiles que bajaron hasta el infierno de amasijos y polvo, un epicentro sobre el que medio mundo especulaba, cubierto a lo lejos por una niebla invariable que duró dos semanas, como una fiel cinta policial que no se podía atravesar.

—Yo me asusté un poco pero dije que sí, siempre y cuando me dejasen avisar a mi marido.

Hacía un rato que se habían separado, más por la hiperactividad de Lia que por el americano, que al final se quedó haciendo la labor de enlace en el centro, recogiendo datos y ayudando a la gente que se acercaba a preguntar.

Mientras, la pequeña psicóloga argentina bajaba en la furgoneta por el West Side Highway rodeada de bombonas de oxígeno, estetoscopios y demás, casi sin tiempo para mirar por las ventanillas.

—Todo fue muy confuso porque nunca había estado en el WTC en mi vida. Nos metieron por dos edificios que estaban destrozados, por la zona del Winter Garden.

Entraron en territorio comanche, con agua cayendo del techo, rescoldos rojos de incendios en los laterales y una superficie rota por montañas de escombros. Penetraba como podía con parte del material a cuestas, sin mirar mucho pero sin olvidar las sensaciones.

—Era como un ambiente de guerra de películas, todo oscuro y destrozado —dice la voluntaria, que dudaba en sacar fotos a pesar de llevar su cámara cargada—. Me pareció una falta de respeto, aunque después uno de los bomberos que surgió de uno de los edificios derruidos me dijo que era mejor que las sacase porque sino después no iba a ser capaz de creerlo. ¿Y sabés qué?, que tenía razón, porque días después no me pude creer que había estado allí abajo casi desde el principio.

Aunque no es de mucho presumir, formó parte del primer grupo de voluntarios que llegó hasta la zona cero, la primera de una lista muy corta a pesar de los mares de personas que se presentaron varios días después de aquello.

Trabajaba junto a otra chica, una trabajadora social. No les dieron instrucciones de ningún tipo, ni de dónde ponerse ni cómo, sólo que llevasen agua de un sitio para otro. Se instaló en una especie de esquina y retiró los escombros para dejar las cosas.

—Había un cochecito de bebé que usé para llevar agua, mientras pensaba en esa historia, si la madre había conseguido salir corriendo a tiempo de agarrar a su hijo. Me hubiera gustado saber.

Acabó usando el cochecito durante horas hasta que el cacharro no aguantó más por exceso de escombros y porquería en el suelo.

La argentina se movía como podía por los montículos, repartiendo sándwiches de mantequilla de cacahuete y agua, por unas zonas y por otras, actuando con todo el sentido común que la situación le exigía.

—La desorganización en aquella zona de guerra era tremenda. Era la locura permanente de estar recibiendo órdenes contradictorias, pero supongo que en una situación como esa cada uno hace lo que puede y en ese ambiente es inevitable que haya caos —analiza Friedman—.

Recuerdo que me decían que me pusiese en un lugar, y cuando trasladaba todos los trastos y el agua me volvían a mandar hacia otro lado porque decían que se iba a caer otro edificio. Pero delante de todos los puestos ambulantes que instaló Pugliesi, siempre había lo mismo, la vista de los restos de los colosos. Le recordaban a un coliseo romano en una tarde extraña, gris pero con un tipo de luz diferente al de un día lluvioso.

Amontonados también a propósito estaban los autos destruidos, como un gran emparedado, con los vidrios cubiertos de polvo.

—No sé si los pusieron así a propósito, pero parecía la película "Terminator" después de una guerra nuclear, y oscuro todo… A las 11 de la mañana ya no parecía que era de día porque la nube tapaba el sol. Era surrealista.

Después del agua y la comida, la pusieron a descargar furgonetas con equipos, botas, máscaras, hachas o bolsas, puestas con cuidado en alguna parte más o menos desinfectada. Todo el mundo le daba órdenes, y Lia sin rechistar, como una infiltrada en el ejército de los buenos contra los malos.

En uno de sus múltiples viajes llevando agua, se topó con un tipo con gafas oscuras y traje que la paró y le preguntó que qué estaba haciendo en medio de esas trincheras. Era un agente del FBI, nervioso y alarmado de ver a una extranjera en una zona restringida.

Lia, sin mucha identificación, se expuso a que la detuvieran, pero una policía que ya conocía su cara la ayudó a salir del embrollo. Estaban arrestando a gente por allí abajo, producto de la incertidumbre y el miedo a no saber a qué atenerse tras un ataque así. Comenzó a partir de ese día la paranoia colectiva y el endurecimiento de las leyes de inmigración en Estados Unidos, el levantamiento de muros más férreos al sueño americano.

El incidente con el FBI dejó paso a los bomberos, a los que no les importaba en absoluto la nacionalidad de las manos que pudiesen limpiarles los ojos y darles algo de conversación. Muchos seguían como por la mañana, callados y con la mirada perdida, pero uno se sentó y le pidió a Lia que le escuchase.

Desolado por haber perdido a más hombres de los que podía recordar en su compañía de bomberos, no pidió ni comida ni agua, tan sólo un rato de comprensión.

—Me sentí bien porque por lo menos podía hacer mi papel con una persona. Empezó a decir que de su equipo sólo habían salido cuatro, y ahí comencé a meterme un poco más en sus historias —asegura con alivio y angustia al mismo tiempo—. Hay que ser inconsciente para no querer darse cuenta de lo que estaba pasando en ese caos inmenso, pero yo estaba metida en mi trabajo y me preocupaba menos por indagar en la angustia y en los detalles de la zona cero.

Ese mismo tipo le pidió calcetines secos que no tenía, y del primer pedido surgió una larga lista de cosas que los bomberos se apresuraron a solicitarle a Friedman.

—Apunté cosas con palabras que ni siquiera conocía por aquel entonces. Creo que no he hablado mejor inglés en mi vida —comenta echándose a reír.

Lo más solicitado fueron guantes porque había trabajadores con las manos peladas, en carne viva de remover escombros; y máscaras de esas de papel blanco que al final resultaron ser del todo inútiles.

Seguía el desorden y de repente los demás voluntarios con los que había estado trabajando Lia se esfumaron. A la mendocina no le quedó más remedio que sacar todo su genio en inglés y protestar para que le trajesen más comida y algo de equipo, porque así nadie podía trabajar en condiciones. Todo esto dicho mientras se le escurría entre los dedos el bombero con las manos sangrantes, de vuelta al agujero por donde había salido.

Al cabo de 30 ó 40 minutos trajeron el primer cargamento de comida, pero con cosas inverosímiles como flanes de huevo que no se podían tapar de ninguna forma, expuestos al polvo y los asbestos.

Después llegó un bombero pidiendo unas bolsas naranjas para meter en ellas restos humanos, las famosas bolsas de cadáveres de las que se habló en el centro de voluntarios y en telediarios internacionales pero que casi nadie vio.

A Lia le vino a pedir explicaciones un bombero muy cabreado porque en su esquina no había ni una, sin saber qué decir.

Dice que las vio pasar de forma constante durante toda la mañana, pero que por la tarde bajó la intensidad.

Una de ellas le dio escalofrío, cuando uno de los hombres que la cargaba le rozó una pierna. —Estaba sosteniendo a un hombre que estaba a punto de desmayarse a mi lado y viene esta persona y me pasa la bolsa grandota anaranjada entre la pierna y yo siento una cosa… No sé como explicarte… Fea —cuenta con el gesto torcido.

Certifica que no encontraron nada entero en aquel paraje desolador. Al agacharse a recoger una de las botellas que se le cayó entre los montículos de porquería, vio sangre y pedazos de algo irreconocible, una parte de un cuerpo humano.

—Ya no había nadie con vida allí —dice segura—. Cuando levantaban escombros nuevos encontraban restos humanos. A veces venía un bombero con un perro y me decía: hay vida ahí abajo, porque llegaban señales de radio, pero al final resultaban ser interferencias del metro. Venía gente convencidísima, y yo les decía: bueno, en realidad ustedes están haciendo un gran trabajo, pero rescatar a gente con vida es imposible —recalca con resignación.

A pesar de ser uno de los lugares más protegidos del mundo de cara al exterior, una simple voluntaria con ganas de ayudar pudo haber cambiado el curso de las cosas moviéndose entre restos y viendo sangre y pruebas de la matanza. Nadie le preguntó demasiado ni la registraron por si le daba por salir con algún recuerdo del lugar, como hicieron otros muchos.

Lia deja claro que la situación en la zona cero era confusa y dominada por hombres vulnerables. El supuesto muro de acero que construyeron para aislar el sur de Manhattan se derretía a fuego lento en las miradas fúnebres de policías y bomberos.

Muchos de ellos salían derrotados de pasajes nuevos y recónditos nacidos de la destrucción, y después de comerse un plato de pasta con las manos o lo que les diesen —no había ni cubiertos ni vasos, dice Lia— se sentaban un rato y languidecían recordando lo vivido en las 24 horas anteriores, las caras de los desaparecidos.

Muchos se echaban a llorar sin remedio.

Friedman vio también a padres franciscanos con sus sermones para reconfortar; y 'sin techo' que llegaban con sus chuchos haciendo que buscaban pero con ganas de sacar tajada en forma de un plato de espagueti; y una periodista y su fotógrafo, ambos infiltrados vestidos de sanitarios que le pidieron a Lia el carrete de su cámara porque se quedaron sin película.

Mucha actividad y desconcierto que no terminaba nunca, interrumpidos por una explosión fuerte que lastimó el ojo derecho de la argentina, o por una mansalva de aplausos cargados de euforia para un grupo de bomberos que se había metido en un edificio derruido y a los que ya daban por muertos.

Lia estuvo 16 horas en el agujero hasta que decidió que era el momento de cederle el paso a los de Ohio, o California, o Michigan que llegaban vestidos de Rambo dispuestos a lo que fuese con tal de hacerse la foto y los valientes allí abajo. Había manadas de gente en cola en los centros de voluntarios de Manhattan, pero llegaron cuando el espectáculo ya tocaba a su fin.

Antes de marcharse el 12 por la tarde logró un celular prestado para llamar a su marido, que también llevaba horas acumuladas de atender a gente en estado de shock.

—Llamé a mi suegra y se puso histérica por haber estado allí —cuenta sarcástica—. La verdad es que me arriesgué porque estaba con visa de tránsito y no teníamos mucho dinero. No era el mejor momento para estar en el World Trade Center.

Sin embargo, Friedman salió rodeada de gestos de agradecimiento de los que la conocieron por poco tiempo. Es probable que algunos bomberos se acuerden bien de la flaca pecosa que se movía con agua y sándwiches de un lado para otro, y que con un inglés limitado y mucho carácter logró dirigir por un día las operaciones del minúsculo ejército de voluntarios de la zona cero.

Ahora recapacita sobre el mundo del voluntario durante el 11 de Septiembre.

—Me da mucha bronca lo que pasó. Aquí (en Estados Unidos) todo es un circo y todo es entretenimiento —dice indignada por primera vez—. En la semana siguiente lo que les preocupaba era la bolsa de valores, llenándose la boca de que tenían que invadir Afganistán —continúa con énfasis de persona comprometida con el lado justo de las cosas.

—Me alegro de que muchos no entraran, porque venían con curiosidad malsana. Para estar allí abajo hay que tener entereza para ayudar, para estar a lo que hay que estar —sentencia con rotundidad.

La joven Friedman se movió con prisa mientras otros voluntarios se paraban esperando a que alguien les dijese lo que tenían que hacer en medio de una cordillera discontinua de desesperación. Atravesó todas las zonas habidas y por haber, incluso las protegidas por el FBI; vio el coliseo desaparecer al atardecer, las famélicas columnas apoyadas en improvisados castillos de arena; pasó junto a papeles, documentos y fotografías pero no quiso tocar nada; y acabó preguntándose qué habría pasado con el bebé, su madre y el cochecito que le dejaron prestado.

Ahora sigue con proyectos y estudios varios, contando en universidades su experiencia y explicándoles a otros candidatos a psicólogo cómo hacer para desconectarse mientras uno camina entre tripas y sangre de partes sin reconocer. —Es demasiado fuerte pero te desconectas —explica Lia, que debe ser de los pocos que no echa de menos para nada las famosas Torres Gemelas. Al fin y al cabo era la primera vez que ponía un pie en aquel maltrecho World Trade Center.

Javier
Ortega,
cocina vasca
contra la
Ley de la
Gravedad

Con el paso del tiempo se ha convertido en una pregunta cotidiana y siempre con respuesta. El que más o el que menos siempre acaba contando algo, aunque no tenga valor alguno, porque al final todos sienten que a ellos también les pasó. Ya podrían haber estado sentados en la otra punta del mundo.

Los que sí aportan de verdad dicen que no se les olvidará en la vida. Javier Ortega (San Sebastián, 1961) es uno de esos, que lo tuvo tan cerca que aún lo huele en la memoria. Contemplarlo desde tan cerca le obligó a mudarse, a estar a punto de quedarse sin negocio y a tener que recurrir a un psicólogo para parte de su familia.

Si le preguntas a Javier que dónde estaba en ese momento, es uno de los pocos que te dice de verdad que lo vio todo.

—La mañana del 11 de Septiembre estaba en la cama despierto. Era ya la hora de levantarme para ir a trabajar y sentí un zumbido, como si pasase un misil. El ruido fue la hostia —explica este cocinero vasco formado en Donosti, que mochila al hombro y sin un peso emprendió aventura por América Latina de punta a punta, para después montar un restaurante en Guatemala, cerrarlo e instalarse años después en la Gran Manzana.

Ortega vivía con su mujer y sus dos hijos —un niño y una niña de 7 y 13 respectivamente— a sólo una manzana del World Trade Center, en la Avenida South End esquina con la calle Liberty, en lo que se llama Battery Park City, una zona residencial del Bajo Manhattan pegada al río Hudson, en la cara oeste de la isla.

Javier tenía una vista codiciada por medio mundo, las Torres Gemelas frente a la ventana de su dormitorio.

—Estaba en la cama y de repente, escuché lo primero, una décima de segundo antes del impacto un silbido como un misil que me hizo botar de la cama. Entonces me asomé y vi la explosión y cachos del avión caer. Fue todo cuestión de segundos, ni eso, de décimas de segundo. No vi el avión porque se desintegró dentro del edificio, pero vi cachos de cosas, y fue alucinante porque no sabías lo que pasaba.

Javier estaba solo en ese momento. Su mujer había salido a dejar al niño en el colegio a las 8.40 de la mañana y eso le empezó a angustiar. Ni siquiera tuvo tiempo de poner la televisión. Se fue directo al teléfono a llamar para ver si la localizaba, pero ya para ese instante comunicarse con alguien en la ciudad era misión imposible.

Todos los martes de verano ponían un mercadillo cercano a las torres, y su mujer, Debra, se quedaba por allí de compras.

—Yo estuve asomado todo el tiempo, intentando verla y llamándola al móvil. Me imagino que se colapsaron las líneas al segundo de impactar el primer avión.

Al rato la vio llegar en su bicicleta. —Subió rápido y pusimos la tele. Había nervios, de no saber qué estaba pasando —explica—. De repente, estábamos los dos mirando la tele y empezamos a escuchar unos gritos de la calle, eran miles de voces gritando a la vez… guaaaaaa!!!! Nos asomamos y vimos a gente saltando por la ventana, desde el piso cien por lo menos, tirándose por la ventana al vacío. Ortega asegura que vio a más de 20 personas saltando.

—A Debra le dio un ataque de nervios, se estaban tirando, y me decía ¡pero no mires!, pero yo no podía apartar la vista, no me lo podía creer, y era uno y otro y otro.

Dice Javier que su mujer estaba histérica, y que cada vez que saltaba alguien, eran mil voces gritando desde abajo, las voces de los testigos presenciales impresionados por una salida tan cruel al incendio provocado por la explosión.

También cuenta que no podía imaginar cómo podía recurrir alguien a semejante ultimátum, tener que imaginar el horror de lo que tenían las víctimas a sus espaldas para tener que dejarse caer desde 300 metros de altura.

Esa mañana de la entrevista hacía sol y ya empezaba a haber cierto movimiento en las calles cercanas a la zona cero, casi ocho meses después, como en el mes de mayo. La comida fue en un restaurante de Tribeca, al aire libre en un día de calor, con casi todas las mesas llenas. Corrió la cerveza helada y unas entradas, y las cosas discurrieron por unos derroteros apacibles, aunque fue difícil evitar una enorme sensación de tristeza cada vez que Javier se adentraba más y más en algunas partes del relato.

Ortega es un hombre honesto y sencillo, muy de su tierra en la forma de expresarse y hasta en la manera de ser, directo, sin tapujos, convencido de sus planteamientos. Es dueño de un restaurante de comida vasca en la calle Greenwich con Spring, en zona de nadie, como él suele decir cuando le preguntan por el nombre del barrio. Está entre Greenwich Village, Soho y Tribeca, en un tramo de Manhattan tranquilo y con mucho encanto.

Conoce bien a los irlandeses de la cervecería de la esquina y al dueño del restaurante portugués de al lado. Cocina siempre y sirve cuando le da la gana, o si vienen amigos para tomarse un paxtarán o porque hay mucho trabajo.

Lleva casi cuatro años con "Pintxos", un sitio pequeño pero con la mejor comida española de Nueva York, según el crítico de la revista Time Out.

—Te tengo que contar algo que no se me quita de la cabeza, porque veía a la gente caer y caían como un saco de patatas o dando vueltas. De repente saltó una persona y estoy seguro de que había saltado en paracaídas alguna vez. Y yo le miraba como iba cayendo perfecto, como esperando a que se le abriese el paracaídas. No se me quita de la cabeza y lo he soñado en pesadillas, e incluso cuando voy caminando —explica Javier con la mirada fija en un punto.

El segundo avión llegó mientras Javier miraba por la ventana a los desesperados que se lanzaban al vacío, y mientras Debra hablaba con su suegra, que llamaba desde San Sebastián.

—Mi mujer habló con ella. Yo estaba en la ventana viendo a la gente saltando. Veía a la gente en las cornisas, agarrados y hasta que al final se soltaban y se dejaban caer. Mientras mi mujer hablaba, veo como viene el segundo y se estrella contra el otro edificio. Y ahí, no dije nada. Fui donde mi mujer, le quité el teléfono y le dije ama, un segundo avión se ha estrellao, esto es un ataque, nos están atacando, y colgué el teléfono, agarré a mi mujer y me la llevé de casa.

Fue literal porque salió de su casa sin pensar en nada más, con una camiseta, un pantalón corto —el primero que tuvo a mano—— y unas chancletas.

——No cogí nada ——dice——. Salí a por mi hijo, ni dinero ni nada, y se quedó todo en casa, las tarjetas. Sólo me interesaba sacar de allí a mi mujer.

Javier se queda pensando y repasa el momento de la segunda explosión, la que le confirmó que aquello era un ataque terrorista y que valía la pena olvidarse de todo para salir corriendo.

——El segundo fue una sombra de algo y una explosión de fuego, otra vez un ruido que te cagas, miras y una llamarada. Nada tembló.

——Fui al colegio. Ya estaban todas las madres allí, y gente corriendo en desbandada hacia arriba, saliendo del Financial Center, gente con trajes y cantidad de gente. No se podía circular, era como una gran manifestación por el West Side Highway ——explica.

El colegio de su hijo Alatz está a pocas manzanas del apartamento de los Ortega, pegado a la parte Oeste de Manhattan, desde donde se divisa la línea costera del estado vecino, Nueva Jersey. Ese límite de la isla lo recorre una autopista con un carril para bicicletas y patinadores. El 11 de Septiembre se convirtió en una de las grandes vías de escape del Sur de Manhattan y en el principal acceso de bomberos y policías en los días posteriores.

Ortega iba con la bicicleta sin escuchar nada, directo a por su hijo. Dice que fuera había un gran caos, de padres nerviosos que no sabían qué hacer con los niños. Sin embargo, dentro, había calma. La profesora de Alatz decidió aislar a los niños del exterior y contarles un cuento.

——Tuve una sensación de paz enorme, como de cosa

controlada —dice.

Se montaron en la bici, dirección norte y lo más lejos de las torres. Sin mirar atrás para que el niño no se asustara llegaron hasta la calle 4, a casa de su cuñada.

Allí tocaron horas de tele y espera. Desde allí vieron caer a las Gemelas, Javier en el salón y Debra y sus cuñados en la azotea, el desplome de sus edificios vecinos, los dos gigantes grises que veían todas las mañanas al despertarse.

—La primera torre se cayó un rato después de que llegásemos. Desde ahí se podía ver bien. Todos subieron a la azotea. No quise verlo. Yo trataba de que mi hijo no se enterase de nada.

Aun así lo vi todo en la tele una y otra vez, cómo se caían, cincuenta, sesenta veces.

A pesar de los gritos y el pánico, Javier consiguió que su hijo no mirase para atrás mientras se alejaban de la zona en bicicleta, que no viese lo que estaba pasando.

Rompe el hilo de su historia para recapitular lo que significa el 11 de Septiembre, lo que le ha quedado en la retina. Dice que todos los días piensa en esa tragedia, en una parte de la ciudad que transitaba a menudo, en la que hacía su vida cotidiana.

Javier es un hombre territorial que adora el Bajo Manhattan. Conoce bien muchos barrios de la zona, hace sus pedidos para el restaurante en los mercadillos de Chinatown e incluso come muchas veces allí con sus hijos, en un restaurante malayo.

Las Torres Gemelas eran el epicentro de ese sur, de ese territorio suyo.

—He visto cosas duras en mi vida, pero esto no me lo puedo quitar de la cabeza. Cada día te acuerdas aunque sea un minuto, de algo, de una escena, de lo que ha pasado. Lo tienes ahí. Es muy duro.

Asegura que la sensación de verlas caer no se puede explicar.

—No me creía que se hubiesen caído porque yo vivía en frente de las torres. Hacía mi vida en esos edificios. Tenían todas las paradas de metro dentro y las tiendas favoritas de mis hijos. Muchos días íbamos para allá. Los niños se metían en la librería, tenían "El País" y nos íbamos a leer, o a comprar regalos, o al banco; para ir a Gap, para comprar cosas del afeitado. Todos los días usábamos los pasadizos de las torres, y verlo desaparecer... no te lo crees.

Con la prisa y el miedo por salir de allí, los Ortega se dejaron las ventanas abiertas de su apartamento. La avalancha del World Trade Center se coló en su casa, arruinándolo todo. Muchos de los vecinos en los 1.700 apartamentos de las tres torres del complejo se quedaron allí junto a sus pertenencias, pensando que allí estaban más seguros.

—Cuando salí de allí había madres que agarraban a sus hijos y se volvían a los apartamentos. Yo les dije que estaban locos, que había que ir en dirección contraria, pero no me hicieron caso y alegaban que ya estaban los bomberos controlando la situación.

Al parecer había una madre de origen indio fuera de sí porque había dejado a su bebé de nueve meses solo en el apartamento mientras iba a recoger a su otro hijo al colegio. No volvió a saber de ella.

Javier se siente feliz por haber salido de allí con su mujer, a pesar de que lo perdió todo o casi todo. Una semana más tarde entraron en la casa para contemplar la debacle.

Durante esos siete días en los que no pudo regresar a su apartamento, Javier decidió mantenerse ocupado para no pensar en lo que había visto. El mismo 11 de Septiembre logró llegar hasta su restaurante, a unas 20 manzanas del siniestro, para comprobar si todavía estaba entero. Todo estaba cerrado excepto el "Ear Bar", el irlandés de la esquina que se dedicaba a hacer sándwiches y a darlo todo gratis.

Su mujer y él comieron algo y volvieron a casa. A Javier el ejemplo de su vecino le sirvió de inspiración. Regresó y abrió las puertas de "Pintxos" para darlo for free. Le acompañó su cuñado.

—Yo estaba en casa y otra vez la tele, otra vez las torres cayéndose una otra vez y otra vez. Lo repitieron tanto que yo acabé hasta las narices. Le dije a mi mujer que me iba al restaurante.

De la calle Canal para abajo no había luz ni agua y todo estaba cortado por la Policía, que guardaba con una simetría perfecta cada entrada por la que se intentaban colar periodistas y curiosos. Era como deambular por una ciudad fantasma en toque de queda, de una incomodidad absoluta por tener que caminar sin rumbo en horizontal y no poder cruzar el muro, a pesar de que el poderoso olor a escombros confirmaba la cercanía del agujero.

"Pintxos" está situado media manzana por encima del límite de aquel entonces, de la calle Canal, donde se venden los relojes de imitación que codician las pijas de este mundo.

—Llegamos a "Pintxos" y empezó a llegar gente. Uno entraba al baño, otro pedía el teléfono, muchos civiles, gente que no pudo llegar a sus casas, los que no tenían electricidad. Y me di cuenta de que había que estar abierto, que el barrio necesitaba un sitio que estuviera abierto para tomar un café. A parte de que tenía la cámara fría llena de cosas que se me iban a estropear y había que darles salida —explica Ortega.

Además de darlo todo gratis, el dueño del restaurante decidió publicitar su solidaridad. Puso unos carteles por todo el barrio para avisar de que el restaurante estaba abierto. Dice que lo hizo por una especie de obligación y sobre todo, porque no podía soportar estar sentado frente a la televisión sin hacer nada.

El trabajo de los días siguientes era llegar por la mañana y estar viendo pasar gente, y ver entrar gente de todo tipo, joven, vecinos, unos viejitos que ahora se han hecho asiduos del restaurante, que no tenían ni luz ni agua pero que se habían quedado allí. Se toparon con "Pintxos" para cenar, buscando algún sitio para comer.

—No había menú y les di un vaso de vino —afirma— y cuando les dije que no cobrábamos se quedaron sorprendidos. Quisieron pagar pero no les deje. Así capté varios clientes que después vinieron a cenar recordando aquellos días tristes.

Y así pasaron los días.

—El jueves cayó una tormenta exagerada —recuerda.

Había una reportera de la televisión vasca que venía a hacerme una entrevista. Cuando llegué ella estaba esperando, calada y le encendí la calefacción, le calenté la ropa y le di un café.

Javier se puso a cocinar cuando aparecieron unos policías que habían estado horas debajo de la lluvia, tiritando, la mayoría jovencitos de academia que los habían puesto de emergencia.

—Puse un colgador en la máquina de aire caliente —asegura. Había algunos que se quitaban los calcetines y los zapatos. La gente lo agradecía bastante porque todo era un caos y el tomarse un café o una sopa caliente era mucho para ellos, claro que tampoco había platos de altos vuelos.

Esos días Javier recurrió a la cocina sencilla, unas tortillas o unos espagueti para salir del paso. Su tasca se convirtió en refugio de muchos que venían de sacar restos de la zona cero.

A pesar del morbo y de lo espectacular de lo sucedido, el chef no salió de su cocina para curiosear o meterse en detalles. No preguntaba nada. Aún así había algunos que contaban las historias de las que habían sido testigos, de la gente que se salvó.

Oyó muchas historias pero una de ellas le causó más estupor que ninguna por ser algo que le tocaba de cerca.

—Me enteré de que un chef vasco empleó a tres alumnos suyos en el "Windows of the World"—el restaurante del piso 103 de la Torre Sur donde todos murieron—. Vino al restaurante un día y estaba destrozado.

Después estaban los que no querían hablar pese a ser los que más tenían que contar: los bomberos.

—Querían cervezas y permanecían en silencio, deprimidos. Cuando entraban a comer no les dejaban tranquilos los reporteros y yo tenía que meterme en medio para que los dejasen en paz. Ya sabes como sois los periodistas de pesados —dice entre risas, rompiendo un poco la tensión—. Tenían órdenes de no abrir la boca.

En cuanto a su acto de buen samaritano, Ortega explica que durante esos días no se sintió ni mejor ni aliviado, sólo en la obligación de hacer lo que hizo.

—Yo también era un afectado y tenía toda la comida del mundo —afirma.

Poco tiempo pasó hasta que pudo abrir de nuevo al público, ya como negocio, aunque el negocio tardase meses en volver.

—El viernes llegó una orden de que movían la barrera policial de Houston a Canal. Abrimos y no hubo nada, por supuesto. No hubo nada por meses. Durante mucho tiempo se quedó un olor horrible, olor a chamusquina y a muerto.

Calcula que perdió 30.000 dólares mensuales y no sólo eso, sino toda la gente que por estar donde estaba no pudo ir a conocer el restaurante.

—Cuando pierdes un cliente pierdes muchos, porque esto funciona por el boca o boca —explica Ortega.

—El 11 de Septiembre fue perder los tres años que habíamos metido ahí, como empezar de cero. Levantar un restaurante en esta ciudad es muy difícil, porque al principio le tienes que meter y meter. Ahora ya nos manteníamos solos y se nos fue abajo.

—No vino nadie a comer por más de tres meses —confiesa con tristeza.

De septiembre a diciembre de 2001, "Pintxos" pasó del éxito a tener noches de 50 dólares y almuerzos de 20 dólares como recaudación. A pesar de ello, Javier decidió seguir pagando a sus tres empleados, inmigrantes mexicanos —los fijos en las cocinas de medio Nueva York—, de su propio bolsillo.

—Pero no te creas que la renta se congeló, que fueron solidarios. Cada mes se lo cobraron con regularidad y no sólo la renta, Con Edison, AT&T y todas las pinches compañías multinacionales de este país. Nadie perdonó nada. El único que perdonó fue la compañía del gas, que como no vendíamos pues qué le íbamos a pagar —dice con ironía.

En abril de 2002, "Pintxos" tuvo su primer mes decente y en la actualidad funciona a buen ritmo.

Llegado el momento de volver a lo que había sido su casa hasta entonces, los Ortega se alinearon ansiosos con el resto de vecinos frente a un portal bañado por la ventisca para escuchar las instrucciones precisas de lo que debían hacer si querían curiosear entre los restos de sus vidas anteriores. Les dijeron con una claridad neoyorquina, disciplinada y rotunda, que tenían 20 minutos exactos para subir, llenar dos bolsas con pertenencias, y volver a bajar. Nada de fotos o de grabaciones de vídeo bajo amenaza de prisión inmediata y nada de ascensor, por supuesto. El piso de Javier estaba en la planta 15.

Fue una carrera desesperada hacia lo que se habían dejado atrás cuando las torres estaban a punto de anunciar un rugido de leyenda en sus ventanas.

—Lo primero que vimos fue que habían roto la cerradura y alguien había entrado. De hecho, nos reventaron la cerradura y nos la cambiaron, y nunca se supo por qué —cuenta Javier—. Parece que en el edificio de al lado, que sufrió la expansión del derrumbe, encontraron restos humanos dentro de un apartamento. Eso nos dejó la duda de que estuviesen buscando restos. Aún así pusimos la denuncia en la policía.

Debra fue la que echó de menos alguna cosa, como un anillo y un reloj, aunque las autoridades argumentaron que habían metido gente para limpiar. Aún así estaba oscuro y el olor era siniestro.

Los 8.000 dólares que se quedaron escondidos y enterrados estaban, junto a las tarjetas de crédito, los pasaportes y la ropa de los niños. El manto de ceniza impedía ver la cama o el cuarto recién pintado de los pequeños.

—Daban ganas de llorar, viendo que lo habíamos perdido todo. Abrías cajones y todo lleno de polvo. Calzoncillos, camisetas, todo hasta arriba y encima ese polvo que no sabías que era, que decían que era cancerígeno porque contenía asbestos. Había que entrar con mascarillas —explica Ortega con un timbre de desolación en la voz.

Nunca más han vuelto al apartamento.

—¿Quién quiere vivir con la vista de esa destrucción?

Javier y su familia agarraron lo que les quedó y se mudaron a un apartamento más pequeño, con ayudas de la Cruz Roja y de FEMA por ser desplazados. Tuvieron que vivir más apretados y eso trajo broncas y tensiones por todo lo que estaba pasando.

Ahora se ha mudado a una nueva casa, con un cuarto para cada uno y las aguas han vuelto a su cauce, aunque Javier dice que es probable que aguanten poco allí porque no soporta al dueño del piso, al súper, que le dicen en Nueva York.

Este cocinero vasco se sigue acordando todos los días de lo que vio y tiene pesadillas intensas. Dice que ve a gente saltando, al hombre del paracaídas.

**Christian
Waugh,
el bombero
del padre
Judge**

umple con el trámite y habla con quien haga falta porque aquello fue algo histórico. Lo único que pide es que le dejen hacer las declaraciones en la calle, para seguir el reglamento hasta sus últimas consecuencias. No está permitido hablar con periodistas dentro de la estación de bomberos.

Se queda de pie todo el rato y jamás mira a los ojos directamente. No cambia mucho de gesto, ni siquiera cuando parece que está a punto de echarse a llorar. No lo hace, por supuesto, porque es algo que estaría mal visto entre los muchachos.

Reconoce que sí soltó toda la carga pesada cuatro días después, cuando le dieron el relevo en la zona cero. Se justifica, eso sí: admite que lo hizo porque sabe o le han contado de otros muchos compañeros que se derrumbaron sin remedio cuando les preguntaban por las pérdidas, por los muertos de cada estación.

Es un tipo muy alto, de casi dos metros de estatura. Le marca un bigote estilo perro San Bernardo, de los que caen y redondean la cara sin ningún tipo de complejo. También tiene su barriga de bebedor de cerveza y de irlandés, que aunque nacido en Queens, lo es tanto como el que más.

Pertenece a la saga de los primeros que quisieron llamarse inmigrantes en esta tierra, los irlandeses viajeros de tercera clase en los barcos que cruzaban el Atlántico cargado con pobladores de un nuevo país. Aquellas gentes llegaban a los muelles de Nueva York sabiendo que no había marcha atrás, pero con la ventaja de saberse rodeado por los suyos.

Los abuelos de Christian Waugh (Queens, Nueva York, 1946) no fueron una excepción y hoy son todos estadounidenses. Eso sí, visten de verde el día de San Patricio y desfilan por la Quinta Avenida para demostrar que no hay quien les borre el acento.

Waugh ha sido bombero durante 40 años y ahora está a punto de retirarse, aunque de una forma muy diferente a la que hubiese imaginado. Tenía garantizado el retiro cual vieja gloria, con toda la camaradería de su mundo conocido; el repicar de campanas y un último viaje en el coche de bomberos, con el relevo garantizado al tener a sus dos hijos ya inscritos en el cuerpo. Pero la misión del 11 de Septiembre le alteró tanto los planes que ahora sólo piensa en colgar el casco sin ruido, para poder recapacitar y ver qué le ha quedado de todo el asunto.

Un año después sigue siendo parco en palabras, capaz de rematar todo el proceso en diez minutos, como si tal cosa. Hay que arrancarle los detalles con sacrificio porque no regala un adjetivo.

Es un hombre campechano y noble como pocos, quizá con mucho que decir pero sin saber cómo, claramente más de acciones que de oratorias. Su sencillez le hace grande y se le nota, porque encabeza la lista de los mejores pero sin medallas de ningún tipo. Sólo lleva una camiseta del cuerpo, de las que se encuentran en Chinatown a patadas, y unos pantalones cortos de niño de escuela de Brighton, con heridas en las rodillas.

Es asistente del jefe de área de bomberos del sur de Nueva York —cubren desde la calle 34 hasta Battery Park, lo que supone un área de unos 3 millones de residentes—. Viaja siempre en un coche especial que escolta al camión de bomberos, y cambia de estación según la conveniencia. En realidad pertenece a la Ladder 5, ubicada en la Sexta Avenida con la calle Houston.

Las campanas de alarma sonaron esa mañana como si supiesen interpretar el momento. Waugh se había levantado de la cama a las 5 de la mañana para respetar su turno y a las 7.30 ya estaba en el puesto, con más ganas de desayunar que de salir corriendo.

Todas las mañanas del mundo eran idénticas por esos parajes, distintas quizá en el clima y en las pálidas llamadas de algún vecino, que provocaban una salida temprana y poca cosa más. Pero las que eran especiales alimentaban la leyenda de los rudos héroes simplones y transparentes, que rebuscaban en cada incidente para alargar la ronda de tragos en la barra del bar de después.

Sería obvio decir que aquella superó a todas las demás, que dejó las estaciones vacías de gente para contar batallas, que fue la definitiva.

Uno de los hombres de Waugh bajó corriendo, gritando desaforado que había un desastre de marca mayor en el Downtown. Ya sabían que era un avión lo que había provocado la llamada, aunque suponían que era una avioneta, nunca una nave de pasajeros.

Waugh y su jefe de policía, Joseph Pfeifer, descendieron por Lafayette para llegar hasta la base de las torres en poco más de cinco minutos.

Allí ya había gran cantidad de coches de bomberos que habían optado por la misma estrategia, aparcar delante de la entrada de la torre golpeada. El objetivo era instalarse en la recepción del edificio y conectarse con los tanques de agua internos del gigante, sin necesidad de usar la de los camiones.

Waugh y los suyos establecieron el puesto de comando en una gran mesa de mármol de la entrada, con la misión de registrar y dirigir los movimientos de cada uno de los bomberos que iba llegando.

El jefe irlandés siguió los pasos del manual de emergencia paso a paso, con la única opción de mandar a su gente a pie hasta los pisos del incendio e ir creando nuevos puestos de control sobre la marcha en plantas inferiores. Cargados como porteadores en una película de cazadores, Waugh los vio subir con la confianza de que iban a poder apagar el fuego.

Los planes permanecieron invariables hasta que 17 minutos después se duplicó el problema con el impacto sobre la Torre Sur. La diferencia fue que aumentaron las llamadas de auxilio y de refuerzo de personal y los coches de bomberos que habían recibido la orden de quedarse en la base por si acaso, tuvieron que arrancar desesperados hacia el distrito financiero.

Siguieron llegando bomberos hacia arriba con todo, pero al cabo de un tiempo el mando se dio cuenta de que la situación era irreversible a punta de manguera.

—Nada más entrar los bomberos decidieron subir para combatir el fuego, pero unos minutos más tarde descubrimos que era imposible combatirlo y que lo mejor era sacar a la gente del edificio lo más rápido posible —explica Waugh de forma marcial y sin dejar de mirar a un punto fijo en la fachada de su estación—. Después de que el segundo avión se estrellase, supimos que era un ataque terrorista y que había poco que hacer.

Cree que no se cometieron errores graves a pesar de que acabaron perdiendo a más de 300 hombres. Argumenta que no podían saber lo que les iba a pasar, y que no se siente culpable en absoluto.

—Lo hicimos todo con el libro en la mano, siguiendo las instrucciones al milímetro.

Waugh reconoce que hubo cierta desorganización y que es probable que subieran muchos bomberos por su cuenta sin registrarse en su mesa. Pero no los censura.

—Hicieron lo que tenían que hacer —argumenta con gesto del deber cumplido.

No tiene ni idea de cuántos hombres pasaron por delante de sus ojos con el oxígeno y el equipo a rastras. Sabe que toda su compañía subió y que no bajaron 14.

El puesto de control desapareció con el último reflejo de un derrumbe en los cristales del edificio de enfrente. Al principio pensaron que era un nuevo impacto o un brusco movimiento de su torre, pero en segundos comenzaron a caer toneladas de escombros acompañados por un rugido y un temblor estremecedor.

Las afiladas ventanas de la única gemela en pie se oscurecieron hasta alcanzar el negro absoluto y el aire comprimido en la sala quedó engullido por un polvo químico y de construcción que obligó a los presentes a tirarse al suelo como en un acto reflejo, convencidos de combatir mejor una fuerza sobrenatural.

Waugh cayó derribado como un peón de ajedrez mientras corría hacia la puerta por la vibración brutal de la cascada, y pensó que estaba a punto de pasar a mejor vida. Puede que fuesen tan sólo segundos, pero al jefe de bomberos le parecieron como dos minutos los que tuvo que estar sin ver nada hasta volver a darse cuenta de dónde estaba.

—Después de caer al suelo y aguantar el vendaval de viento, polvo y ruido de la otra torre, alguien gritó que nos cogiésemos las manos para permanecer juntos —explica Waugh concentrado con los brazos cruzados y estático como un muñeco obediente.

—Creí que estaba muerto, que hasta ahí habíamos llegado —se confiesa sin tapujos—. Pensé algo así como que espero que se pase pronto, por no tener que estar horas para morirme de sofoco o quemado. Si me moría, que fuese lo más rápido posible —concluye.

Minutos antes había contemplado en la actividad frenética de la entrada de la torre a muchos civiles que gritaban y corrían buscando la salida, incluso en los primeros instantes.

Gatearon y a los pocos pasos dados se encontraron con un bulto que no supieron distinguir hasta que lo pudieron palpar. Era un cuerpo, el del padre Mychal Jugde, el patrón de los bomberos.

El convento de los franciscanos está lejos de la zona cero, en una parte de la ciudad donde domina la actividad entorno al Madison Square Garden. La calle 31 entre la Sexta y la Séptima Avenida, el punto exacto de la iglesia, es un tramo casi exclusivo de curas y bomberos: los monjes de sandalias y túnicas largas por un lado con sus filas para indigentes y hambrientos; y los bomberos justo enfrente, con sus fotos de los caídos aquel día de septiembre y los dos hombres de turno que vigilan el vecindario en silencio apoyados en un coche de bomberos.

Llevan toda la vida mirándose de un lado a otro de la calle, siempre unidos aunque ahora un tanto devaluados desde que se dieron pérdidas tan valiosas en los dos bandos. Esa estación de bomberos, compañía 1, coche 24, perdió a 7 hombres el 11-S. Los del equipo eclesiástico tan sólo a uno, aunque sin duda el más famoso, carismático y decisivo de la orden.

Mychal Judge, de la Iglesia de San Francisco de Asís, era el capellán de los bomberos desde 1992, un título que se había ganado a base de viajar cientos de veces colgado de las barras de los camiones de bomberos.

Un hermano de la orden subía a avisarle a su habitación cada vez que había movimiento, con la única misión de estar asistiendo espiritualmente a sus héroes particulares en escena, a "mis chicos", como él siempre los llamaba.

El 11-S le hizo aún más grande. Su muerte apareció al día siguiente en todos los periódicos de la ciudad registrada como la primera oficial de la tragedia: víctima número 0001. Se contó entonces que al párroco le había golpeado una parte del edificio en pleno derrumbe mientras le administraba los últimos servicios a un bombero. Dicen que estaba arrodillado junto a Danny Suhr, un veterano con 16 años de experiencia en el cuerpo que a su vez había fallecido a raíz del encontronazo con una mujer que acaba de lanzarse al vacío. Jugde estaba con la botella de agua bendita en la mano, listo para hacer lo suyo cuando un golpe de escombros acabó con su vida. Al parecer se había quitado el casco para tener mayor libertad de movimientos, y eso fue definitivo.

Esa fue la leyenda que creyeron muchos neoyorquinos, los que le conocían —dicen que eran miles— y los que no, que vinieron a enterarse de su vida y milagros al día siguiente por su increíble historia de dedicación y constancia con los bomberos de la ciudad.

Pero lo cierto es que Mychal Jugde, un tipo alto, de pelo gris y cara de bonachón pícaro, vestido de marrón como escapado del cuento de Robin Hood pero ambientado en un barrio popular de Brooklyn, se alisó el cabello con cuidado y mesura cuando le avisaron de que un avión se había estrellado en el World Trade Center. Bajó las escaleras de la iglesia y cruzó la calle como tantas otras veces en dirección al camión de bomberos, que ese día iba pilotado por Michael Weinberg.

Después llegó a la entrada del edificio golpeado y comenzó a desempeñar su tarea, hablando con todo el mundo y soltando bendiciones a diestra y siniestra.

Era un hombre liberal y de los que reconfortaba tener cerca aunque no fuese por una cuestión religiosa. A pesar de que sabía de las firmes creencias irlandesas, no pretendía convertir a nadie ni ponerse en el camino de los muchachos.

Muy en contra de sus principios, se murió en medio de la ruta de un grupo de hombres que caminaban a gatas sin saber hacia dónde ir. Chris Waugh y los suyos dieron con el cuerpo en la oscuridad, desmoronando las primeras versiones sobre su muerte aplastado por parte de la torre.

—Asumo que es cierto que le estaba suministrando los santos óleos a un hombre de la 216 y que después corrió para refugiarse dentro del lobby de la torre —confirma Waugh muy convencido de su versión.

Anota que lo tuvo a la vista en casi todo momento, y que estaba dando una entrevista a unos hermanos franceses que grababan un documental cuando todo se vino abajo.

—Le hicimos un chequeo y estaba sin pulso, probablemente muerto de un ataque al corazón —aventura el bombero—. Si les ves en el vídeo, estaba a unos 20 pies de donde estábamos, rezando… Parece que sabía lo que estaba pasando, y estaba listo para ser nuestro líder espiritual.

En contra de lo que se dijo, Judge apareció sin apenas escombros y con el rostro intacto. Waugh le agarró de la cintura y otros dos hombres lo sujetaron por los pies y las manos para poner su cuerpo a salvo fuera de la torre. Se toparon de frente con unas sillas metálicas allí tiradas en medio de la escena y la usaron para sacar a Judge de la plaza principal. Comenzaron a correr cuando un fotógrafo de la agencia británica Reuters, Shannon Stapleton, los cazó en pleno movimiento.

—La verdad es que lo vi desde lejos pero en ese momento pensé que era mejor que se quitase de nuestro jodido camino —dice con la boca pequeña y soltando una risotada desde las tripas—.

La instantánea salió publicada en diarios de medio mundo al día siguiente y Waugh la recortó del "New York Post".

Semanas después, el bombero y el fotógrafo se conocieron y se hicieron amigos.

—Sabía que había usado una cámara digital y que iba a pasar las fotos muy deprisa. Me confirmó que sólo le llevó

30 minutos colgarlas en internet.

En el momento de la carrera y el agobio por salvar el pellejo y preservar el cuerpo de su amigo el capellán, Chris Waugh no pensó demasiado en lo que significaba que aquel tipo les estuviese haciendo fotos. Después se preocupó porque su familia las pudiese ver publicadas y empezasen a temer por su suerte.

Pero ahora lo valora porque entiende que Stapleton hacía su trabajo y que captó una imagen histórica.

—La foto es espectacular —comenta satisfecho Waugh.

El cuadro lo componían cinco hombres y la cabeza ladeada del padre Mychal sobre su hombro, muerto de forma placentera. En algunas tomas aparecían todos corriendo con esfuerzo y señalando el camino a seguir para alejarse lo más posible del epicentro de la catástrofe; y en otras simplemente detenidos para tomar aire, el que había.

Llegaron hasta la esquina de las calles Church y Vessey y lo descargaron seguros de que el cuerpo de Judge estaba fuera de peligro.

—Le dejamos en un buen lugar, pero cuando se cayó la torre que quedaba en pie tuvimos que correr por nuestras vidas y el cadáver se quedó allí en la calle.

Tras la segunda tormenta de arena y cemento, Waugh volvió a buscar el cuerpo del padre, pero ya no estaba. Como por arte de magia apareció en el altar de la iglesia de la calle Church, reposando con su casco sobre el pecho a modo de tributo. Estaba igual que antes pero bañado en escombros y con un golpe en la cabeza que antes no tenía.

Waugh también llevaba lo suyo, con una contusión en la pierna tras haberse caído en el primer colapso. Pero era peor la carga psicológica de empezar a hacer poco a poco el recuento mental de los hombres que se le habían quedado allí dentro. No podría decir cuántos.

Pese a estar herido se metió hasta dentro del epicentro de destrucción y comenzó a coordinar las tareas de rescate de la mejor manera posible.

Prefiere no entrar en detalles de lo que vio, pero asegura que fue espeluznante, con brotes de fuego cada dos pasos marcando el paisaje de las toneladas de miseria agrupadas en un caos infinito.

—Había muebles destrozados, vigas y acero y muchos restos humanos… Ya lo creo —certifica.

Con el paso de las horas, más y más bomberos de reemplazo iban llegando a la zona, muchos de otros pueblos del estado de Nueva York y de estados contiguos como Nueva Jersey, Connecticut o Pennsylvania.

A Waugh le preocupaba el tiempo que corría inexorable sin poder sacar a nadie. Más bien eran los propios bomberos los que se metían para no volver a salir en días, dándolos por perdidos en muchos casos.

Mientras, en la iglesia Trinity, flanqueada por edificios en ruinas o a punto de derrumbarse, San Mychal —como ya empezaban a apodarle los que entraban a verle— fue el centro de un debate para decidir qué hacer con su cuerpo. Optaron por llevarle hasta su base de la calle 34.

Le esperaban allí los pocos supervivientes de la compañía 1, coche 24. Entre varios sacaron al difunto de la bolsa negra en la que le habían metido y le ubicaron en el suelo, en un santuario improvisado.

Todos los hombres formaron un círculo en torno al franciscano. Después se arrodillaron y lentamente se echaron a llorar.

Puede que mientras los chicos lamentaban tan importante pérdida, Waugh también se acordase de su capellán mientras regresaba a la base para darse una ducha. Se dio un respiro, un par de horas de sueño para volver a bajar a ayudar a los suyos.

Puede también que no pudiese soportar la angustia de estar durmiendo mientras podía haber compañeros suyos sepultados, y por eso se levantó muy pronto. Fueron cuatro días los que estuvo después sin volver a la estación para darse otra ducha.

Junto a esa fachada de pintura roja y ladrillo visto de su base han instalado justo enfrente un gran cartel luminoso con la foto de las Torres Gemelas resplandecientes, en un día tan soleado como en el que se vinieron abajo. Waugh lo tiene a sus espaldas y solo se gira a echarle un vistazo cuando se le pregunta por él.

—Creo que lo han instalado hoy —adivina, justo con motivo del primer aniversario que se acerca como un lobo acechando.

A Waugh no le preocupa mucho la cercana presencia de la fecha ni el bombardeo de preguntas. No le afecta en demasía que se hayan acercado en goteo unos cuantos periodistas hasta la estación con el discurso repetido, para repasar su historia y preguntarle cómo se siente. Al fin y al cabo sabe que la competencia es dura con tantos otros compañeros que las pasaron tan canutas como él o más. Mejor dejarlos pasar.

Posa con cara de disculparse por su falta de cariño hacia la cámara, aunque tampoco se sonroja ni pide indicaciones para que la cosa funcione mejor. El cartel le va a la medida para una ocasión especial, como un gesto espontáneo de no se sabe quién para decorar la ciudad de cara al sonado aniversario.

A pocos pasos de la breve sesión fotográfica hay un grupo de vecinos que juegan con un viejo pastor alemán, el guardián de esa estación. Parece que en los últimos días el tiempo se ha vuelto a detener como hace un año en la ciudad, con gente dando un paseo tranquilo y ofreciendo ayuda a los bomberos que se sienten con ganas de hablar sobre el aniversario.

—La ciudad sobrevivirá. Todo el mundo va a estar bien —dice el señor asistente del jefe de bomberos de medio Manhattan.

A pesar de la presunta fortaleza que exhibe, estuvo asistiendo al psicólogo durante un tiempo. No es fácil para un tipo con aspecto de rudo leñador admitir que fue carne de diván, de nuevo amparándose en lo que hicieron otros.

—Tuve pesadillas y recibí ayuda —admite—. Para mí no fue fácil porque perdimos a muchos hombres y se pasó realmente mal. En aquel momento enterrado en escombros estaba asustadísimo, pensando en mi familia y en que no lo contábamos.

Pese a los recuerdos que le vuelven mientras repasa, no quiere venirse abajo.

—Hace un año estaba demasiado ocupado para lamentos

hasta que vi a mi hijo, que también es un bombero, como a las siete de la tarde.

Ambos se fundieron en un abrazo y liberaron parte la presión por tanto horror contemplado.

—Ahora veo la vida de otra manera. Me tomo las cosas de forma diferente y no se me ocurre enfadarme por las tonterías por las que me molestaba antes. No es lógico.

Confiesa que piensa mucho en los que no lograron salvarse y en su propia suerte, que le ha dejado las puertas abiertas para una retirada a tiempo, después de haberlo podido contar en la gran emergencia de todos los tiempos. Nada que ver con la anterior en importancia que vivió el cuerpo, el 16 de octubre de 1996, cuando un incendio en unos almacenes de la ciudad provocó la muerte de 12 hombres.

Los jefes de bomberos argumentan que salvaron la vida de 25.000 personas el 11-S para aliviar el dolor por haberse dejado 343 efectivos en el intento.

Waugh piensa en la pesca, en viajar y en disfrutar de la vida desde su casa al norte del estado porque ya le toca el turno de dejar paso a los nuevos. Cree que con los atentados se ha engordado el perfil de la profesión aún más y que las listas de espera para entrara en el cuerpo se harán más largas que de costumbre.

Quedará lo de siempre, reunirse para comer y sonreír contando batallas de los años pasados y de los que se fueron engañados por la fortaleza de unas torres que parecían indestructibles.

Hablarán de su curita franciscano, de San Mychal, el hombre que llevaba años compartiendo su buena estrella con los que se cruzaban en su camino.

El día que murió se le atravesó el alcalde de Nueva York, Rudolph Giuliani, que le agarró del brazo y le pidió que rezase por todos ellos. Mychal le respondió que eso hacía siempre, como queriendo ser amable pero también intentando mandarle a hacer puñetas con una sonrisa burlona, muy a la neoyorquina, quizá pensando en que el comentario sobraba en mitad de aquel berenjenal y que a esas alturas, con sus 68 años a cuestas, no hacía falta que llegase ningún político listillo a decirle lo que tenía que hacer.

Se ganó su fama de irreverente a pulso, pero era un tipo auténtico, comprometido con las causas difíciles, con los gays a pesar de la férrea oposición de la cúpula eclesiástica y capaz de desfilar en sus famosos recorridos por la Quinta Avenida con las grandes travestidas de colores. Muchos dicen que era homosexual.

Tuvo problemas con el alcohol durante su juventud y estuvo metido a fondo en la lucha contra el sida. Entendía mejor que nadie el caos y la actitud frenética e inhóspita de la ciudad, pero era el vínculo para unir a unos y a otros cuando tocaba, con misas en lugares inverosímiles como estaciones de trenes o parques de bomberos, como no.

Su funeral fue multitudinario. Su iglesia de San Francisco de Asís fue el escenario de la ocasión, un acto de gran magnitud muy en contra de su estilo, pero qué podía hacer ya el hombre.

Todos los de uniforme del cuerpo de bomberos le echan de menos y Waugh como el que más.

—A veces creo que fue el padre [Judge] quien nos sacó de allí —sentencia con nobleza.

Felipe David, asesinado por el cielo

Recogía la recaudación de las máquinas de refrescos todos los días hasta que se le vino el cielo encima. Sin saber ni cómo ni cuando, unos segundos después de un temblor de edificio, empezaron a brotar las llamas y el humo del techo antes de que tuviese tiempo de asimilarlo.

Felipe David (Corosal, Honduras, 1961) quedó arrasado en un 33 por ciento, con quemaduras en los brazos y algunas muy severas en la cara. Por supuesto que aún las tiene y que ya siempre las tendrá, algo que repite varias veces durante la conversación como un lamento de proporciones obsesivas.

Ahora vive con las cortinas echadas, sellado a cal y canto y solo la mayor parte del tiempo. Su mujer sale a trabajar por las mañanas —trabaja en limpieza— y sus hijos, un niño y una niña, van al colegio todo el día.

David disfruta de ese tiempo para reponerse de lo que le ha pasado, sentado en el sillón presidencial del estrecho salón, el mejor situado de cara a la televisión y mirando hacia una ventana bloqueada por un entresijo de cortinas y rejas.

Su pequeño trono es una butaca vieja forrada con plástico, quizá como protección o tal vez costumbre de toda la vida. Forma parte de la decoración del resto de los muebles, todos cubiertos, con una mesa baja de centro y algunas fotos en el mueble del televisor. Cuesta distinguir lo que hay colgado en las paredes. Sólo tiene puesta la luz de la entrada a las 12 del mediodía por si alguien llama a la puerta.

David es un hombre negro, de mediana estatura y con aspecto cansado. Lleva los brazos tapados por unas vendas y unos protectores elásticos bien apretados. No puede permitir que el ambiente exterior le dañe las heridas, que se abren con el polvo de fuera o con cualquier movimiento brusco.

Su pequeña residencia está ubicada en el sur de El Bronx, en un edificio de protección oficial con una gran puerta metálica en la entrada y un aspecto decadente en el interior.

El entorno no sería malo si no fuese porque los vecinos de la zona sufren o provocan una de las tasas de criminalidad más altas de Nueva York. Hay grandes árboles, un colegio donde los niños llenan las canchas de baloncesto o saltan a la comba, y el metro a una sola manzana de la casa.

Sin embargo, este hondureño desconfía de todo el mundo a su alrededor. Dice que ha llegado a ver a alguno de sus vecinos en los informativos acusado de violación o asalto.

A pesar de todo es su hogar, y con la poca luz que entra por el tragaluz se le nota cómodo y listo para hablar.

La voz le sale con esfuerzo, aunque poco a poco comienza a recordar y a entonarse. Dice que su historia fue rápida y fugaz, difícil de reconstruir.

—Todo sucedió en un segundo. Me di cuenta de que el edificio se puso a temblar y tan pronto sucedió eso llegaron las llamas y el fuego hasta el sótano y a mi oficina —describe.

Felipe David trabajaba recorriendo todas las máquinas expendedoras de refrescos y comida del gran centro comercial que conectaba ambas torres. El complejo subterráneo era un mundo aparte de los dos gigantes, con accesos separados y todo tipo de tiendas, restaurantes y oficinas. Era uno de los negocios del empresario Larry Silverstein, que meses antes había firmado un contrato millonario y longevo con la ciudad para explotar el conjunto de las torres. Aunque nadie lo esperaba en un principio, el combustible del primer avión se cobró víctimas allí abajo mientras otros cientos en las alturas lograban escapar sin un rasguño.

Según varios informes, el fuel del vuelo 11 de American Airlines se coló con velocidad por las hileras de los ascensores y golpeó a los que estaban en la parte subterránea.

David fue de los primeros en sentirlo, ya que su pequeña oficina estaba situada entre una de esas hileras de la Torre Norte y por allí entró la bola de fuego.

Cuenta que no sabría decir cuánto tiempo ni qué fue exactamente lo que le quemó. Sí sabe que el primer impacto entró por el techo y le tiró al suelo con fuerza.

—Sentí el temblor —insiste intentando recordar—. Quizá sucedieron más cosas antes o pasó un rato desde el impacto del avión y mi caída, pero no podría decir. Sólo sé que no me dio ni cinco minutos para pensar.

Cuando se dio la vuelta para enterarse de qué le había tirado, ya tenía la piel de la cara colgando y las orejas abrasadas.

—La masa venía con un polvo y un aire que uno no podía distinguir por su gran fuerza. Me sacó de la oficina y me tiró para el otro pasillo. A todo esto yo ya me estaba quemando la cara y los brazos —recuerda sin ponerse nervioso en absoluto—. Era fuego, polvo y un aire a la misma vez, una llama prendida, como una bola de fuego con una capa que iba arrasándolo todo.

Tampoco tuvo tiempo de sentir dolor alguno porque el suelo estaba hirviendo y eso le obligó a levantarse.

—Gracias a Dios que yo no tengo una mente débil y no me quedé allí. Le pedí fuerzas al Señor para que me ayudase a encontrar una salida y por suerte la pude encontrar.

En ese momento, David no tenía idea alguna de hacia donde iba a pesar de llevar años trabajando en el mismo lugar. La masa de aire caliente no dejaba ver nada, salvo los cables y los tubos en llamas.

En total estado de shock y guiado por la adrenalina, salió hacia una zona despejada hasta que fue a dar con un grupo de personas que trabajaban en una oficina cercana. Su llegada provocó gritos y exclamaciones entre los 12 empleados que estaban a lo suyo como si nada. Les dio la voz de alarma a ellos y otros muchos que no dudaron en salir corriendo para escapar de un infierno que podía haber sido mucho peor de haberse quedado unos minutos más.

Para David, además de sus quemaduras, la alerta fue el recuerdo de lo ocurrido en el atentado de 1993.

—No podíamos saber que un avión había pegado en la torre, pero se imaginaron que había sido un atentado. Cuando me vieron se enloquecieron y eso fue suficiente —explica sin variar el gesto ni el tono.

Se pusieron de acuerdo rápido y corrieron el equivalente a seis manzanas por dentro de las galerías para salirse del perímetro de las torres. Dieron con la salida de calle la Barkley con Church, junto al resto de los edificios laterales que componían el World Trade Center.

Allí sí hubo gritos de verdad, de gente que se horrorizó de ver a David en carne viva y que le preguntaban que qué le había pasado y cómo había podido resultar herido tan rápido si el avión había golpeado cerca de la planta 100.

—Hubo una mujer que se puso a gritar cuando salimos a la calle. Ahí es cuando todo el mundo me decía cosas en inglés, como gracias a Dios que saliste, o al menos lo has conseguido —continúa.

Después de unos instantes de primeras impresiones, se empezó a formas una barricada de ambulancias y coches de policía y bomberos.

William Rodríguez, un puertorriqueño que atendió inicialmente a David, hizo la llamada para que los sanitarios llegasen hasta la zona donde estaban comenzando a ubicarse los primeros heridos.

En pocos minutos había varias ambulancias, aunque por motivos que este hondureño no logra explicar, acabó sentado junto a otros diez afectados en el mismo vehículo.

Salieron a la calle antes de que el otro avión pegase en la Torre Sur.

—La gente que estaba allí ya sabía lo que había pasado pero nosotros no —cuenta refiriéndose al grupo con el que acababa de correr por las galerías.

Tampoco puede explicar con claridad el ambiente que había porque se sentía bloqueado. Quizá pensó en su familia en algún momento y probablemente se tomó el tiempo para echar una miradita hacia arriba y ver lo que estaba pasando. Al fin y al cabo recuerda que todo el mundo giraba la cabeza en la misma dirección.

—Tenía la mente bloqueada. Sinceramente no le puedo decir que sentía dolores porque estaba sedado por la adrenalina —asegura incorporándose de la butaca—. No era una persona normal en ese momento.

Sin embargo, no las tuvo todas consigo cuando parecía

que la situación volvía a complicarse por un súbito des-
prendimiento desde la torre incendiada. Pegó un bote de la
ambulancia y salió corriendo de nuevo ante el temor de que
le volviesen a alcanzar las llamas.

—Pensábamos que el edificio se nos iba a caer encima
pero fue una falsa alarma. Volvimos a la ambulancia y el
chofer finalmente encontró la oportunidad de salir rumbo
al hospital —explica David dejando constancia de que la
situación entre las autoridades estaba lejos de estar bajo control—. La verdad es aquello era un auténtico relajo.

Le llevaron al NYU —el hospital de la Universidad de
Nueva York, por sus siglas en inglés. En la ambulancia le
habían atendido de urgencia, poniéndole unas gasas en las
zonas quemadas.

Ya en el centro, recuerda que le hicieron unas cuantas
preguntas sobre su identidad, su familia y su dirección. Lo
suficiente como para saber quién era y que pudiesen buscar
a sus familiares ese mismo día.

Felipe no llegó a hablar con ellos porque se quedó
inconsciente después de las preguntas de rutina. Estuvo así
durante seis semanas, sumido en un sueño del que nadie
supo si iba a poder despertar.

Suena el timbre de la puerta y se levanta del sillón para
ver quién es. Le cuesta, con el movimiento de un recién
escayolado. Contesta a través de la puerta y le preguntan
por alguno de los suyos que no está todavía en casa. Vuelve
hacia el sillón y explica que en ese edificio más vale andarse

con cuidado porque nunca se sabe cuando pueden venir a por él.

Cree que ahora es un objetivo para ladrones y enemigos por las ayudas recibidas tras la catástrofe. Aunque es muy remiso a contar lo que le han dado o lo que no, confirma que la Cruz Roja le otorgó 25.000 dólares en concepto de ayudas y que Salvation Army —una especie de organización no gubernamental sin ánimo de lucro— le soltó un cheque por 10.000 dólares.

—Uno no sabe cuando pueden venir a matarlo a uno —asegura usando una peculiar construcción lingüística, con redundancia pero con la sencillez de los hombres del campo—.

Dice que es un buen dinero pero nada comparado con lo que le dieron a familias de bomberos y policías de raza blanca. Está convencido de que su condición de inmigrante hispano y negro le supuso una clara discriminación por parte de las autoridades de Nueva York.

—Después de todo lo que me ha pasado, no me han tratado demasiado bien en ese sentido. Está claro que ha habido racismo y discriminación en la entrega de ayudas —dice con convicción.

No dice nada de la cena de recaudación que organizó su sindicato —Local 202— en su honor el 29 de septiembre mientras David estaba inconsciente en el hospital Presbiteriano. Sumaron 11.000 dólares más otros 5.000 que donó directamente la unión.

Todavía aspira a que la Ciudad le otorgue un millón de dólares a través de un fondo de compensación para las víctimas del 11 de Septiembre, aunque si lo recibe, es probable que no lo confiese jamás.

—Hay que tener cuidado porque la gente que vive aquí piensa que has recibido todo tipo de subvenciones y pueden venir a por ti—repite justificando sus rodeos sobre su situación financiera—. Cuando uno vive en un mundo así tiene que saber con quién se la está jugando.

Por eso se encierra cada día en su pequeño refugio y pregunta a través de la puerta para evitar riesgos. Sale lo menos posible, al gimnasio o su terapia de rehabilitación, y no habla más que con gente que conoce. Desconfía incluso de algunos de sus propios paisanos, porque asegura que la manera de hacer las cosas en Honduras es casi peor que lo que pasa en los barrios pobres de las grandes ciudades estadounidenses.

Por eso ha cerrado el grifo de las entrevistas con medios de comunicación desde hace mucho, porque ya no quiere más publicidad ni que nadie se entere de lo que pasa en su vida.

Prefiere concentrarse en el esfuerzo de mejorar su salud mental y dejar atrás las pesadillas que le bloquearon el sueño durante los primeros cuatro meses. Además, tiene encima la carga de sus hijos, que lo pasaron casi tan mal como él al ver que su padre perdía toda su destreza para trabajar y moverse con normalidad.

La niña, de 8 años, tuvo serios problemas para aceptar lo que estaba pasando y aún recibe el tratamiento de un psicólogo para superar el hecho de que su padre ya no es el mismo de antes. El niño ya era casi un adolescente cuando pasó y pudo encajar mejor la impresión.

Su mujer, Elba, fue la primera en aparecer por el hospital

para contemplar la inmersión de su marido en un sueño de semanas.

Los médicos no pudieron determinar si David acabaría despertando. Nunca pronunciaron la palabra de una forma técnica y oficial, pero el hondureño estuvo en un coma del que no recuerda absolutamente nada, aunque asegura que tuvo la sensación de poder reconstruir determinadas cosas algunos días después.

—Cuando me desperté me pusieron a contar monedas y hacer todo tipo de ejercicios simples para ver lo que recordaba. Mi familia se asustó un poco al ver que decía cosas fuera de lo común —asegura.

Fue operado varias veces para injertarle piel en las zonas quemadas y recibió asistencia psicológica durante meses. De hecho, se acabó acostumbrando a la comida del hospital y al olor de sus pasillos, inmerso en el modus operandi de un país moderno que trataba al paciente como si fuese el único.

Tuvo visitas de todo tipo de familiares al principio, pero con el paso de las semanas se fue quedando solo con su rutina y con las caras médicas conocidas de todos los días.

Le dieron el alta el 21 de noviembre, dos meses y medio después de su ingreso, debilitado, con manchas blancas en parte de la cara y los brazos vendados a conciencia. Salió del centro con 20 kilos menos pero lejos de estar en forma.

Quiso volver a casa y no quiso. Dice que le trataban demasiado bien y que no resultó fácil deshacerse de una vida fácil dentro de las nuevas circunstancias.

En el barrio le dieron una gran bienvenida, con amigos y familiares que se acercaban a curiosear y escuchar de primera mano una historia increíble.

Un año y medio después la curiosidad ha desaparecido y a Felipe le interesa más el anonimato que otra cosa, el silencio y la penumbra en ese humilde apartamento en el que vive.

—Claro que uno en su casa se siente confortable por la intimidad —dice David convencido de que tiene lo que necesita—. Aunque claro, en este país hay muchos avances y en los hospitales le atienden a uno de maravilla.

Es por eso en parte que ya no piensa en volver a Honduras nunca más.

—Quizá de visita, pero nada más.

Allí nació y vivió hasta 1989, año en que agarró las maletas y se vino junto a su padre aprovechando que éste ya tenía todos los papeles en regla para poder traerle. Habla poco de su infancia, que transcurrió entre gente humilde de la selva atlántica, en unos de los muchos pueblos de la costa caribeña hondureña.

Sin muchos estudios a cuestas le dio por unirse a un grupo de música y ganarse la vida tocando, el bajo y la guitarra eléctrica. Era parte de bandas locales de música negra de aquellos parajes costeños y se sacaba unos lempiras cada vez, los suficientes como para llevar algo de comer a casa.

Pero el rumor de que en Estados Unidos había hondureños haciendo plata de verdad le pudo como a muchos otros, también cansados de la pobreza y la falta de oportunidades, de los gobiernos corruptos y los huracanes de temporada que acababan por tumbar el poco desarrollo que veían florecer.

—Llegué por curiosidad, por saber cómo hacían muchos de los míos para poder hacerse una casita en Honduras y mandar dinero a su familia —relata este inmigrante—. Seguí con la música, pero ya se convirtió en algo temporal y me busqué otros trabajos para poder sobrevivir.

Tocaba con la "Fuerza Brava de Honduras" y encontró a Elba, su mujer. Tuvo sus dos hijos y las cosas le rodaron bien, con un mucho de sí señor en el trabajo y siempre ciudadano de segunda clase en Manhattan, pero uno más en su barrio de boricuas, dominicanos y hondureños, ni más ni menos.

Nunca ha llegado a altas cuotas y el sueño americano prometido ha llamado a su puerta por haberse quemado el cuerpo, pero aún así cree que es mucho más de lo que le hubiera dado su patria.

—Mi futuro está aquí. Prefiero morirme aquí. Yo todos los años voy a pasear allá, pero estoy más seguro aquí por los servicios y porque puedo tener mis cosas tranquilas.

Lo dice porque en Honduras los que tienen casa y carro corren mucho más riesgo de perderlo todo y de una manera mucho más sangrienta.

—Allí siempre planean como fregarte. Los grandes allá son los más sucios. Que la gente de mi país no lo interprete de otra forma, pero me siento mucho más seguro en este lugar —lo dice justificándose, como un ex presidente exiliado lanzando un mensaje a la nación.

En parte se aferra a su lugar en el mundo y al candado de su puerta porque las Torres Gemelas le han dejado indefenso. Su humildad natural se ha transformado en un miedo irremediable por el zarpazo que le ha pegado la vida.

Reconoce que a pesar de la suerte de estar vivo, está muy tocado mentalmente y aún no se hace a la idea de no poder recuperar su estado natural.

—Si usted me pregunta, para mí no fue fácil ni lo es —asegura con calma y con ganas de desahogarse—. Cuando voy en trenes llenos, cuando escucho las noticias y cuando oigo nuevos atentados. Y ya no puedo ver un incendio porque me pongo histérico. Incluso en el hospital saltó una alarma en una ocasión y me tuvieron que cerrar la puerta porque me puse muy nervioso. No me siento normal como anteriormente. Si hubo personas que no vivieron mi experiencia y todavía están afectados, imagine una persona que vivió lo que yo viví.

No le compensa demasiado que una asociación religiosa de El Bronx le pague los taxis cuando necesita trasladarse a sus clases de inglés —unas clases elementales en Prospect Avenue—, al gimnasio o a la terapia de rehabilitación. Le duele en el alma no poder volver a trabajar en condiciones ni poder levantar peso alguno porque se le podría agravar la condición.

Aún corre el riesgo de que se le inflame la zona quemada o que se le caiga la piel injertada, y aún sigue recibiendo inyecciones en la cara. Esa misma semana, tenía que ir al hospital para que le pinchasen ocho veces.

Tampoco es de los que se derrumban y se vienen abajo por cualquier cosa. Aún sostiene que su mundo es luminoso y que tiene por quién luchar, sus dos hijos y su mujer.

—Gracias a Dios todavía estoy para estar viviendo, porque uno tiene con quien vivir.

David no sabe muy bien cómo la bola de fuego pudo llegar hasta tan abajo y tan deprisa. Ni siquiera hay mucha literatura al respecto y la que hay enfrenta a arquitectos e ingenieros, más empeñados en demostrar que hubo detonaciones que causaron los derrumbes de las torres, que en saber lo que les pasó a los de más abajo.

Para algunos, el fuel del avión se coló de forma directa por los espacios abiertos del edificio por pura gravedad; y para otros fue un simple fuego en una oficina que bajaba con fuerza después de que la gasolina se hubiese consumido arrastrándolo todo. Lo cierto es que las quemaduras de Felipe se produjeron minutos antes incluso de que el avión de United Airlines se estrellase contra la torre sur.

—En realidad, tendría que haber estado otra persona para que hubiese contado lo que me pasó porque hay muchas partes que no puedo reconstruir —razona el hondureño.

Sobre la otra gran cuestión, el culpable de su incapacidad, David se lanza con decisión al principio y acusa a Estados Unidos, en una especie de teoría conspiratoria sobre lo que todavía no sabe el público en general, pero segundos después se contradice o rectifica, para dejar claro que a pesar de los pesares jamás hubiese soñado con semejante tratamiento posterior al accidente.

—Sí, seguro. El responsable es Estados Unidos —dice sin vacilar, convencido de aportar algo nuevo a la causa—. Ellos saben lo que pasó. Uno se muda aquí para tener una vida mejor, viene a esta ciudad para mejorar, pero detrás de eso no sabemos lo que hay… —se detiene un instante pero sin perder el hilo——. Lo único que se puede decir es que uno bendice lo que tiene aquí porque tiene oportunidades de ganar más.

Suena a que todo lo que argumenta es de buen corazón y sin resentimiento alguno, aunque se guarda sus cartas, en una desconfianza clásica de inmigrante desarmado de idioma y pautas en la gran ciudad.

Al final prefiere dejarlo en tablas. ——Lo que este país me ha dado con una mano me lo que ha quitado con la otra.

Ese país del que habla vino a buscarle la mañana del miércoles 11 de Septiembre de 2002 para poder recordar en vivo. Por primera vez pudo reconstruir y volver sobre sus pasos.

——Una cosa triste sentí ——recalca casi en verso, con su manera de hablar sencilla——. Yo me puse a pensar cómo pude haber sobrevivido, porque en cuanto llegamos allí se me vino todo a la mente. Sólo Dios lo sabe.

A David la muerte le persiguió muy joven, y ahora parece tener muchos más de los 42 años que realmente tiene. Padece dolores y habla con pena casi todo el tiempo, estropeado y molesto con su nueva condición.

——Todavía no estoy bien. Tengo dolores casi todos los días y todo esto me afecta de forma constante.

Ironiza sobre sus vendajes, a los que dice haberse acostumbrado con el tiempo.

Por fin se ríe. Dice que no lo queda otro remedio.

Brian Clark, el héroe del piso de arriba

Trabaja de espaldas a una vista infinitamente más discreta. No ha dejado las alturas ni la panorámica de una parte de Manhattan, pero ya no está en una planta 84 ni domina el mundo de la manera en que solía. Ahora Brian Clark (Toronto, Canadá, 1947) ve las cosas en otra dimensión, figure lo que figure detrás de las ventanas. Habla con toda la tranquilidad del mundo, como si lo que hubiese vivido fuese un capítulo más de su fascinante existencia, con el karma de los que han alcanzado una paz espiritual superior.

No encaja demasiado con el papel que desempeña en la vida real, vicepresidente de Euro Brokers, una firma de esas que mueve toneladas de dinero cada año y cuyos agentes de bolsa se gritan de un teléfono a otro a menos de diez metros de distancia con un lenguaje de números pequeños que en realidad significan millones de dólares, como si tal cosa.

Es un hombre agradable, educado y sencillo. Va vestido sin trajes ni relojes caros, con apariencia de hombre normal y corriente que se gana la vida sin más.

Ahora está instalado en un despacho más o menos parecido al que tuvo durante ocho años, pequeño pero lo suficientemente importante, con la vista detrás y la puerta delante.

Tiene una memoria certera que le permite dar todo lujo de detalles cuando recuerda, preciso en cada cosa que cuenta, a veces preocupado porque le acusen de haberse inventado lo que vivió aquella mañana inolvidable.

Clark llegó a su oficina a las siete y cuarto de la mañana,

como todos los días. Subió a su planta, la 84 de la Torre Sur, donde Euro Brokers ocupaba el espacio completo —mitad para oficinas de ejecutivos y técnicos en sistemas y mitad para el llamado trading floor, donde los brokers realizaban sus escandalosas operaciones millonarias—.

—Hacía un día fantástico, con el cielo azul. No recuerdo bien la temperatura, pero estábamos teniendo una entrada de otoño muy favorable —comienza a narrar Brian, sin prisa a pesar de ser viernes y las 6 de la tarde, la hora de salir corriendo en dirección al fin de semana en familia—. Llegué temprano y fui a buscar mi café, haciendo lo mismo de cada día. El primer impacto a las 8:46 lo cambió todo. Estaba de espaldas a las ventanas y mirando hacia la puerta cuando sentí un enorme boom que dejó las luces del edificio temblando por unos segundos. No noté vibración alguna pero sí hubo un sonido como de un golpe, como un boom o un thump. De repente, un movimiento captó mi atención y cuando giré la cabeza vi como todo el espacio aéreo estaba plagado de llamas. Al principio no sabía lo que era, pero después averigüé que era el fuel del avión que había atravesado la torre y chorreaba por el otro lado —relata, con mucha precisión en cada tramo del cuento.

Brian fue testigo de primera mano del impacto un segundo después de que se produjese, con el despacho situado al oeste de Manhattan y al sur de la Torre Norte, con la vista de Nueva Jersey y el río Hudson en la ventana. Sintió la primera onda del guantazo y cuando volvió a mirar unos segundos más tarde las llamas habían desaparecido para dejar paso a un mar de papeles flotando en el aire.

En el intervalo había salido corriendo de su despacho para sacar a sus compañeros de allí, no sólo por sentido de la responsabilidad, sino por ser uno de los encargados de incendios de su planta, de los que se ponen el silbato y agarran la linterna y llevan al resto de los suyos a un lugar seguro.

Clark sacó sus herramientas del cajón y empezó a hacer sonar el silbato, a decirle a los demás que había que salir pitando. La mayoría obedeció y fue la última vez que pisaron la planta 84, pero otros muchos se quedaron.

—Mi primer pensamiento fue que había habido una explosión como dos pisos más arriba en nuestro edificio —analiza este ejecutivo, que dice que a pesar de la situación, estaba totalmente calmado—. Como aún no sabía lo que estaba pasando, yo seguía con la idea de que el incendio estaba por encima nuestro y que había que salir de allí lo antes posible.

Los televisores de la sala de traders interrumpieron la estampida. El cambio de la programación habitual de parqués financieros en Europa por las imágenes en directo del primer impacto hizo que bajase un tanto la tensión y que los adictos a las jornadas bursátiles intensas no tuviesen que pensar más en la posibilidad de abandonar sus ordenadores. Al fin y al cabo el problema era de la torre de al lado y para contemplar el espectáculo, qué mejor que las vistas desde el edificio gemelo en las alturas.

—Supimos en seguida lo que estaba pasando y eso nos tranquilizó, porque sabíamos que el daño era en la otra torre y que no corría tanta prisa evacuar nuestro edificio. Fue literalmente en unos minutos que nos pusimos al tanto de todo lo ocurría. Entendimos que un avión comercial se había chocado contra el World Trade Center Uno —relata con una media sonrisa de tranquilidad.

A pesar del alivio momentáneo, Brian decidió que los empleados hiciesen lo que fuese más conveniente para ellos, irse o quedarse. Según sus cálculos, de los 250 en plantilla en ese momento, unos 200 se marcharon con el primer aviso de evacuación y sólo entre 15 y 20 volvieron a la planta pensando que todo estaba en orden.

Estos últimos ni siquiera pudieron hacer sus propias cábalas, ya que a las nueve menos cinco de la mañana el sistema de alarma del edificio se puso en marcha y una voz metálica anunció con total confianza que el edificio número dos, la Torre Sur, estaba perfectamente segura y que no había necesidad de evacuarla: "I repeat, Building Two is secure. There is no need to evacuate Building Two".

Esa voz mató a muchos, a las dos decenas que volvieron a subir a Euro Brokers y a los otros tantos a los que los guardias de seguridad de la entrada principal ordenaron meterse en los ascensores de vuelta a sus oficinas, hacia arriba de nuevo.

Explica Clark que la cosa tenía su lógica y que la policía y los bomberos estaban tratando de evitar que la zona para los heridos de la otra torre quedase colapsada por la histeria colectiva de los vecinos en desbandada hacia sus casas. Mas no por eso dejó de ser una ironía macabra del destino.

—Me di una vuelta por la oficina y a esas horas, unos minutos antes de las nueve, debíamos quedar unos 25 en toda la planta —continúa Clark—. Ahora, como ya he

dicho, la situación era tranquila pero existía una gran preocupación por lo que estaba pasando en el otro edificio. Si
te acercabas un poco a las ventanas, se veía con claridad el
fuego y el humo de enfrente y la gente tirándose al vacío.
Una chica en particular —cree que se llamaba Susan— se
dio la vuelta cuando vio a la primera víctima saltar. Hasta
entonces no había visto a nadie suicidándose, pero cuando
lo pudo contemplar se echó a llorar de forma inmediata y
compulsiva. La ayudé, le puse las manos sobre los hombros
y la aparté de tan horrible escena. Dimos un paseo hacia
el otro ala de la planta y la dejé en el lavabo de señoras.
Lamentablemente, Susan no sobrevivió al impacto del avión
que estaba por venir —asegura con naturalidad, quizá contando algo ya digerido.

A las 9:03 se produjo el verdadero bang. El avión de
United Airlines destrozó parte de la planta 84 entrando
inclinado a una velocidad cercana a los 500 kilómetros por
hora.

El edificio comenzó a moverse a gran velocidad hacia el
lado oeste de Manhattan, en dirección al río. Las ventanas
hicieron clang, clang, delatadas en su imprevista demostra-
ción de nula flexibilidad, como un jugador de baloncesto de
dos metros intentando abrirse de piernas. Las baldosas del
techo salieron volando y el sistema del aire acondicionado
también. No quedó sana ni una señal de salida de emergencia.

Dentro de esa planta todos notaron el bamboleo, el lento
y terrorífico desplazamiento hacia una inminente gran caída
libre.

—Lo primero que me vino a la mente fue una exclamación de pánico, como ¡ay dios mío!, que este edificio se parte y nos caemos al río. Durante unos siete o diez segundos sentimos un enorme meneo, una sensación espantosa de pensar que nos íbamos. Se movió hacia un lado y luego hizo la oscilación de vuelta muuuy despacio, hasta que volvió a detenerse —detalla Clark como si se lo estuviese contando a una gran audiencia de niños de primaria, meticuloso en sus gestos para describir el movimiento exacto de todo su universo en ese instante, desde las tripas—. Miré a los ojos a Bobby Coll —que tampoco pudo contarlo— y supimos en un instante que era terrorismo.

Clark admite que no escuchó ni el zumbido de entrada del avión ni el fuerte estruendo al chocar contra las oficinas. Otros sí alcanzaron a sentirlo al encontrarse en pisos inferiores antes de volver a subir y algunos incluso sobrevivieron al impacto en la zona donde se supone que el avión dejó parte de su estela destructiva.

La joya de la corona de Euro Brokers, el bullicioso trading floor, soportó el último pedazo del ala rajando el suelo. Algunos de los agentes de bolsa salieron corriendo a tiempo y pudieron comunicarse más tarde con sus familiares.

La confirmación llegó de Manish K. Patel, un broker de la India que estaba hablando por teléfono móvil con su novia cuando la torre se vino abajo. La chica estaba llamándole desde la calle justo debajo del edificio, después de haber logrado salir de su oficina. Trabajaba en el Fuji Bank, que ocupaba del piso 79 al 82.

Estamos atrapados mi amor, le dijo, unos 30 compañeros y yo y la cosa no pinta bien. No podemos salir.

Fue lo último que dijo antes de que comenzase el colapso.

——Hubo algunos que no quisieron evacuar la torre antes. Era su naturaleza estar trabajando. Quizá nosotros les podíamos aconsejar que se fuesen, pero la decisión última fue suya y tan cruel como pueda sonar, ahí se quedaron muchos ——certifica Brian de nuevo sin variar el gesto, invulnerable.

Por la posición en el costado de la oficina y el movimiento oblicuo que realizó el avión al impactar, Clark y otros colegas resultaron ilesos y lo que es mejor, con la vía de escape intacta a pesar de estar por encima del incendio. Brian fue una de las cuatro personas que logró sobrevivir a la tragedia del 11 de Septiembre estando en un piso superior al impacto del avión.

La escalera A era la salida adecuada de aquel infierno. Haber elegido cualquier otra opción hubiera resultado el final de la aventura, pero por alguna casualidad que Clark no acierta a explicar, tiró de él y los suyos por la salida más cercana al lado oeste de la torre.

——Estábamos en una situación muy difícil en ese momento. Por fortuna tenía mi linterna en la mano y la encendí para buscar la salida ——explica——. Lo cierto es que podía haber elegido cualquier escalera de los cuatro segmentos de la oficina, pero me fui a la de mi lado por costumbre. No tenía pista alguna de que ese era el camino correcto para huir del fuego. Tuvimos mucha suerte.

La primera expedición la componían siete elementos. Clark era el líder con su linterna moviéndose de un lado para el otro, el responsable, el aplicado que quizá nunca llegó a burlarse de las azafatas de aerolínea en su explicación diaria de cómo salvarse de una muerte segura.

Así se aferró a su silbato colgado al cuello y a su linterna para arrancar el descenso más difícil de su vida.

En los tres primeros pisos, entre el 84 y el 81, las cosas fueron suaves, sin muchos problemas, tanto que hasta se podía bajar corriendo, saltando los escalones de dos en dos sin obstáculo alguno. Se veía menos de lo normal porque se habían ido las luces, pero teniendo en cuenta las circunstancias y su posición en la torre, las condiciones eran relativamente aceptables.

Con las luces de emergencia, un poco de humo y sin mucha ayuda de la linterna, llegaron hasta el 81, donde el fuego y las llamas ya eran muy intensas, aunque al otro lado de la puerta de la escalera.

—Había polvo de construcción en el ambiente, pero nada preocupante —explica Clark quitándole hierro al asunto—. Cuando llegamos a esas alturas nos encontramos con una mujer negra muy voluminosa con un vestido holgado, que nos dijo que no siguiésemos, que venía de una planta de abajo y que no se podía pasar, que había que subir. ¡Paren!, ¡paren!, acabamos de venir de una planta en llamas y hay que subir hacia el aire fresco, nos dijo la señora sin dejarnos mucho margen para debates. Por lo que fuera, ella pensó que había que subir porque era lo lógico. Nos detuvo. Venía con otra persona, un hombre, pero la única que hablaba era ella. Era insistente y le apunté con la linterna intencionadamente un par de veces en la cara para ver su reacción. De repente, en medio de la discusión, algo me distrajo porque empecé a sentir unos golpes, toc, toc, —golpea la mesa del escritorio para reproducir el sonido y la situación—, ¡ayuden!, ¡ayuden!, escuché del otro lado de la pared, ayuden, estoy enterrado, ¿hay alguien ahí?, no puedo respirar.

Clark pudo salirse de la conversación y meterse en el drama de la sala contigua. Fue el único en hacerlo, porque los demás compañeros quedaron abstraídos por la descripción de la señora gorda que manejaba datos hiperbólicos de la situación dos pisos más abajo.

Logró orientar los golpes que pedían socorro y agarró a Ron Di Francesco, un economista de 43 años, para ir en busca del agonizante del piso 81.

—Le dije a mi compañero que teníamos que rescatar al tipo —describe con cara de adrenalina y compromiso—. Abrimos la puerta que daba al pasillo de los ascensores de la 81. El marco de la puerta había volado y te podías colar por una especie de grieta en la pared. Según entré, vi a mis amigos dando la vuelta y subiendo por las escaleras.

Brian lo califica de craso error, el definitivo. Dave Vera, 41 años, atado a un walkietalkie, Bobby Coll, de 35 y Kevin York, también de 41. Decidieron abandonar la idea de bajar y subieron empujados por la cólera de la mujer obesa, a la que además tuvieron que ayudar porque no podía subir ni un escalón más por su cuenta —además la reconfortaron con un par de comentarios esperanzadores, algo así como no la dejaremos señora, no se preocupe—. Treparon muchos pisos, demasiados, hasta la 91, siete por encima de su propia oficina esperando una salvación que nunca llegó. Cuentan que se tumbaron en el suelo a esperar a que los sacasen de allí, quizá un milagro sobrehumano porque los pobres bomberos no llegaron ni a la mitad, y que poco a poco se fueron quedando dormidos, sedados por el humo que crecía con intensidad.

Brian los vio por última vez mientras se colaba por el resquicio de la puerta en busca de un hombre al que no había visto nunca. Ron di Francesco le acompañó con más pena que gloria, casi obligado por la terquedad de su compañero. Ambos caminaron por un pasillo que se colaba en la oficina del Fuji Bank, o lo que quedaba de ella. No se veía nada, como en una carretera secundaria invadida por la niebla y sólo cortada por unas impotentes luces de coche tratando de romper el misterio.

Clark caminaba por delante dando pasos de ciego y Di Francesco le seguía con la cara tapada por la mochila del gimnasio con la que trataba de filtrar el aire. El humo pestilente del incendio lo copaba todo, pero por esas cosas que nadie puede explicar en ese tipo de situaciones, se abrió una especie de bolsa de aire alrededor de Clark y avanzó hasta los gritos sin más dramas de los justos y necesarios.

—La voz, una voz extraña, me guiaba para llegar hasta él. Ron tosía muy fuerte y a la mitad del camino decidió abandonar. Yo nunca había estado en la oficina y ahora era peor. No tenía ni idea de dónde estaba —cuenta el canadiense con una dosis extra de concentración. El hombre me preguntaba, ¿puedes ver mi mano?, ¿puedes ver mi mano? Lo cierto es que no la veía pero le escuchaba con claridad. Cuando de repente la vi moviéndose, atrapado por dos paredes que habían creado una especie de cueva.

El hombre logró llegar hasta su refugio particular después haber nadado en escombros, gateando por su planta —situa-

da tres por encima del punto exacto por donde penetró la
cabina del avión de United— y palpando destrucción por
el camino. Los dos se juntaron en el punto en que ninguno
podía seguir avanzando, separados por una pared apoyada
sobre otra tras el derrumbe, como una maraña que Brian
aún no se atreve a describir con total exactitud porque no se
veía ni su mano delante de la cara.

Tras explorar el plan de rescate, el otro hombre lo detuvo
todo para preguntar algo insólito.

—¿Cree usted en Jesucristo?

Brian dudó de la intención, desprovisto de respuestas en
un momento así.

—Voy todos los domingos a misa. Es lo único que le
puedo decir.

Recapacita sobre lo que dice y se autoflagela.

—Creo que es una de las respuestas más ridículas que
he dado en mi vida, pero aquel hombre, en medio de una
situación límite, me salió con algo inesperado.

—Tienes que saltar! —le dijo Brian al hombre del otro
lado después de haber despejado todos los escombros posi-
bles—, es la única manera. Ya sólo te queda una última
barrera.

El hombre saltó varias veces intentando conectar con
Brian al otro lado, que le esperaba subido en algo que tampoco sabe describir. En uno de esos intentos, Clark logró
hacer el enganche y sujetarle por el brazo.

—Lo levanté por encima del muro como pude. Más
tarde, el hombre me dijo que le había agarrado como si fuese
Superman, con una fuerza por encima de lo normal. Yo no
recuerdo tener tanta capacidad, pero supongo que me ayudó

la adrenalina. Le agarré y tiré hacia mí. Los dos caímos al suelo. Se levantó y me dio un beso y un fuerte abrazo. Fue un momento muy emocionante. De veras que lo fue.

—Mi nombre es Brian —dijo Clark haciendo las presentaciones en la oscuridad después del efusivo saludo.

—El mío es Stanley. Seremos amigos para toda la vida —contestó emocionado, espontáneo como nunca hubiera imaginado.

—Bueno, en realidad no tengo hermanos. Pero tú puedes serlo si quieres —respondió Brian condescendiente y un tanto infantil, arrastrado por la emoción, el heroísmo y las llamas.

Stanley Prainmath trabajaba para Fuji Bank, de 35 años y nacido en Guyana, un pequeño e ignorado país entre Venezuela y Surinam. Está casado y con dos hijas. Moreno, simpático y agradecido a Brian eternamente. Todavía se ven de vez en cuando o se echan una llamadita para ver cómo van las cosas, una vez al mes o algo así. En una ciudad como Nueva York no hay tiempo para mucho más. No tienen grandes cosas en común, distintas generaciones y diferentes culturas, pero el 11-S es todavía un lazo fuerte, la del improvisado héroe y el fiel compañero de bajada hacia la salida más cercana.

Stanley y Brian volvieron al punto donde se bifurcó el grupo de Euro Brokers. Brian pensó en Ron, si habría ido hacia arriba o hacia abajo, sin más pistas.

La clave del éxito de los dos nuevos excursionistas consistió en mirar siempre hacia abajo. Los primeros cinco pisos resultaron difíciles. Las condiciones presagiaban momentos de incertidumbre, con trozos de pared arrancados y cruzados en las escaleras, aspersores soltando agua sin conciencia alguna y el humo denso del techo devorando la escena.

Movieron los muros destrozados y bajaron a tientas en los tramos donde la escalera describía destinos atípicos, con escalones levantados y metidos en la pared.

—Creo que en la planta 78 había unos giros extraños en la escalera. Tomamos unas afortunadas decisiones porque en realidad había que adivinar lo que estabas cruzando —narra Clark.

Llegados a la 74 ocurrió lo inesperado. El aire se abrió paso y el drama desapareció de las escaleras. Todo estaba limpio y en orden, sin un alma ni por arriba ni por abajo.

—No había nadie, sólo Stanley y yo —confiesa el canadiense.

Se restableció la conversación típica entre dos que se acaban de conocer en esas circunstancias. Stanley hablaba y Brian escuchaba y contestaba, bajando de piso en piso como haciendo ejercicio un domingo por la mañana.

Stanley ya sólo llevaba puesta la camiseta tras haber perdido la camisa en la 81, pero estaba en buenas condiciones de moverse y seguir bajando, con algunos pequeños cortes y leves golpes.

En la planta 68 se cruzaron con la única persona a la que vieron en todo el camino. Era José Marrero, un puertorriqueño empleado de Euro Brokers que subía al rescate de sus compañeros. Escuchó por el walkietalkie a Dave Vera, también boricua y de su departamento, contando que se podía sacar a gente de allí, que estaban en la planta 84.

—Puedo escuchar a Dave. Le voy a ayudar —dijo José con espíritu invencible.

—José, Dave es una persona mayor y puede salir solo. Acabamos de atravesar un infierno para llegar hasta aquí. Ven con nosotros para abajo —replicó el ejecutivo.

—No, no, no. Estaré bien. Puedo ayudar.

Y se perdió por las escaleras rumbo norte, rumbo hacia una muerte segura.

Ni siquiera habiendo superado la peor parte de la tormenta, Clark pudo imaginar un final tan espeluznante como el que se dio unos minutos más tarde.

—De haberlo sabido me hubiese vuelto loco y le hubiese ordenado a Dave salir de allí de inmediato, pero sólo vimos unas cuantas llamas y un humo denso propio de un incendio. Pensamos que los bomberos lo iban a apagar —razona.

En ningún momento tuvieron prisa por llegar a la meta, si es que había alguna. Se lo tomaron con calma y se detuvieron varias veces entre plantas. La primera parada fue en el piso 44, el de los ascensores express. Se encontraron en el suelo con un hombre que sujetaba a otro con enormes heridas en la cabeza. Pidió ayuda y un teléfono celular para contactar a alguien de emergencias, pero no funcionaban los que habían y ni Stanley ni Brian tenían aparato.

—No sé de dónde salió el hombre herido ni qué le pasó. Lamento no acordarme del hombre de seguridad para dar su nombre. Creo que era de la India y que tenía unos 65 años —relata Clark con ganas de haber sabido más.

Quedaron en la promesa de hacer una llamada lo antes

posible para ayudarle y allí le dejaron, con el hombre tendido en el suelo manando sangre.

En la 31 cumplieron con lo pactado tras irrumpir en las oficinas de Walter Oppenheimer y usar los teléfonos de la sala de conferencias.

Cada uno agarró un aparato para llamar a sus familias e informarles de que estaban bien y que no había peligro.

La mujer de Clark reaccionó con nervios a la llamada después de casi una hora sin hablar con su marido.

Tras colgar, Brian llamó al 911, servicio de emergencias, y trató de explicarles lo que estaba pasando en la planta 44 en la que hacía falta personal médico para atender a un hombre.

En realidad el simple hecho de que los teléfonos funcionasen ya era un milagro en sí, y Clark cumplió con el trámite al relatar los hechos con paciencia.

—Hablé con una señora del 911 a las 9:33 y 30 segundos para ser exactos.

Lo sabe porque la gente de la comisión del 11-S, que investigaba lo sucedido, le dejó escucharla meses después.

—Tenía la impresión de que fue más tarde, pero la hora exacta fue esa. La conversación duró 3 minutos y 17 segundos. Mucho tiempo. Hablé con tres personas distintas. No sé qué clase de entrenamiento reciben allí, pero le tuve que contar a tres personas la misma información. Realmente el sistema de urgencias fue un desastre —explica Brian en un anticipo de lo que le dijo a la comisión unas semanas después en Nueva York—. Todo quedó registrado.

Brian todavía pensaba que hacía algo llamando al 911. Todo encajaba de acuerdo a su lógica en esas circunstancias y con la información que tenía. Según fue bajando pisos, fue ampliando la versión hasta que le quedó más o menos claro de porqué estaban huyendo de la torre.

—Yo no sabía lo que le había pasado a nuestro edificio —explica al hilo del porqué de su llamada, justificando que aún tenía sentido—. Bueno miento, Stanley me contó que un avión había chocado contra el edificio. Él lo vio venir de frente, el vuelo de United Airlines. Estaba al teléfono con un socio en Chicago. Lo curioso es que Stanley había llegado incluso hasta la base de nuestra torre después del impacto del primer avión, y según salió del ascensor, el de seguridad les dijo que todo estaba bien y que no había necesidad de marcharse. Le convenció a él y a otros empleados de que había que volver hacia arriba. Uno al piso 79, otro al 80 y otro al 81. Stanley es el único que sobrevivió de esos tres —remata el relato levantando las cejas, esperando una reacción, como diciendo, vaya, ¿eh amigo?, vaya historia increíble.

—Al intentar evacuar el edificio envió a una secretaria que bajó con él, una empleada temporal. Vete a casa, le dijo. Stanley estaba hablando por teléfono con un socio mirando por las ventanas hacia el sur, por donde entró el avión. Su socio le dijo algo así como que haces ahí, ¿no sabes lo que ha pasado?, sal de ahí cuanto antes. Y el otro creyendo estar bien informado le contestó que no pasaba nada. Para qué me voy a marchar si la situación está controlada y el problema lo tienen nuestros vecinos, debió argumentar. En medio de la conversación vio el avión viniendo hacia él. Dice que su Biblia estaba abierta sobre la mesa. Se metió debajo de la mesa y dijo: Dios estoy en tus manos... !!!Piiuuuumm!!! la habitación estalló... Cuenta que se quedó sordo por la explosión, y que había un trozo del ala del avión estancada en la pared. Salió de debajo de su mesa, que era lo único que quedaba en pie.

Después se movió entre escombros, a gatas, para encontrar a Brian al otro lado de la pared y poderlo contar.

Tras la eterna parada de la 31 siguieron camino, directos hacia la salida. Como en el resto del trayecto, no se cruzaron con nada ni con nadie y pudieron avanzar al ritmo que les vino en gana. Todo en calma y sin moros en la costa. Sólo se detuvieron en la 15 para tomar aire y seguir el consejo de Clark, que andaba convencido de que a ese ritmo de descenso acabarían por torcerse un tobillo. Qué prisa tenemos, le debió decir al guyanés.

No parecían cansados pese a todo, según el broker, aunque cuando se escuchó a sí mismo en la grabación de la llamada se sentía con la respiración agitada.

—Me gustó escucharlo y corroborar todo lo que he contado hasta ahora, porque a veces parece que sólo son batallas increíbles, pero es lo que ocurrió.

Alcanzaron la calle unos diez minutos antes del colapso, en dirección este, serpenteando travesías hasta llegar a la espalda de la Iglesia Trinity, una de las emblemáticas de Manhattan.

Pegados a las rejas frente a las tumbas del cementerio contiguo al edificio sacro, contemplaron los últimos minutos de vida de la Torre Sur.

Apostaron a ver si aguantaba la mole en pie, uno que sí

y el otro que no, que sólo era material ardiendo para acabar en cenizas por obra de los valerosos bomberos.

En el transcurso de la conversación obtuvieron la respuesta definitiva. Pum, pum, pum, pum... Y el final de una parte del cuento.

Ron Di Francesco salió en estampida hacia arriba uniéndose al grupo de los que creyeron en la mujer afroamericana. Pasó por delante de su oficina y siguió subiendo hasta llegar a la planta 91. Él es el que cuenta aquello de que sus compañeros lentamente se quedaron dormidos, y él fue uno de los que esperó tumbado a que alguien lo sacase de la pesadilla.

Hasta que se acordó de su familia, su mujer y sus dos hijos y no pudo soportar el ataque de ansiedad y de pánico por imaginarse lejos de ellos para siempre.

Fue así como se levantó del suelo de la 91 y la emprendió con decisión hacia abajo y sin pensar en nada más que en salir. Bajó solo las escaleras, sin contárselo a nadie y con la mirada fija.

Fue el último en salir vivo de la Torre Sur. Alcanzó la calle en el momento del derrumbe y corrió hacia delante casi por inercia antes de que el estruendo lo levantase volando y lo arrojase a varios metros de distancia del último lugar que recuerda haber pisado.

Acabó en un hospital, inconsciente durante semanas y con severas quemaduras de primer grado.

A pocos metros de distancia estaba su compañero con su amigo, viendo sólo una parte del derrumbe tapado por un mar de edificios que resistían estoicos la embestida. Salieron corriendo para refugiarse de la inesperada onda expansiva de polvo y porquería sin que les llegase a atraparlos en ningún momento. Entraron en un edificio y charlaron durante 45 minutos, esperando a ver qué pasaba y conociéndose un poco más.

Al salir del portal bajaron por Broadway hacia el río Este y se perdieron entre un mar de gente. De repente, Brian se descolgó de Stanley sin querer y le entró una angustia pasajera por haber perdido a su compañero de aventuras sin tener una tarjeta o un teléfono para poderle contactar.

—No me gustó que nos separásemos porque me sentía muy cercano a él en esos momentos —confiesa Clark, quien a pesar del cansancio y de tener la ropa bañada en escombros, siguió rumbo hacia su casa de Mahwah, en Nueva Jersey, donde ya le esperaban algunos de sus cuatro hijos y su mujer. En pocas horas se concentraron todos alrededor del padre para escuchar su fantástico relato.

Brian dice que fue triste y duro, pero nunca traumático. No hubo pesadillas ni psicólogos pese a que unos días después el recuento oficial de bajas en su oficina alcanzó los 61 muertos. La mayoría se quedaron atrapados en la 84 o eligieron la escalera equivocada, casualidades que pasan y que hacen que tipos como Clark lo sigan contando.

Dice que tiene suerte pero no le da ni mucho menos la importancia que otros en sus circunstancias le darían.

—Me encantan las discusiones filosóficas pero nunca he

entrado en argumentaciones baratas al respecto, porque no hay respuestas para cosas como por qué yo y no otros. Lo puedo discutir con cualquiera y no tengo remordimiento de conciencia. Sé que hice lo mejor que pude y que soy afortunado, pero podía haber sido al revés —concluye como admitiendo que tampoco le importa demasiado, que es algo que no puede controlar.

Demuestra lo que cuenta porque no llora ni le tiembla la voz en toda la entrevista, aunque se nota que es un tipo expresivo, apasionado y agradecido por seguir disfrutando de una buena vida. Tiene 57 años y una carrera de 30 en Euro Brokers, humilde pero constante. Llegó en buena forma al punto de inflexión más importante de su vida y salió reforzado, dictando cátedra sobre lo que importa y lo que no importa, con un discurso que elimina angustias y preocupaciones estúpidas, minúsculas frente a los muertos que lleva encima, pero lejos de ser un predicador iracundo.

—Mi fe es fuerte y sólo se ha reforzado. Creo que las cosas van sobre la marcha y no sé qué nos depara Dios al respecto. Cualquiera que sean sus planes llegarán. No hago planes para el futuro, tan solo los necesarios.

En todo ese escenario Stanley ocupa un lugar de privilegio por haber sido el hombre que le salvó la vida, aunque fuese de manera simbólica. Eso mismo le explicó Brian a Stanley tras salir de la torre, frente a los curas de la iglesia Trinity. Habían cruzado la calle Liberty corriendo y al otro lado se encontraron con el dueño de un deli —las famosas tiendas de comestibles neoyorquinas— al que le pidieron agua. No sólo les dio el agua gratis sino que les regaló una fuente de fruta fresca y panes para el camino. Al fin y al cabo, ya nadie

la va a querer, le argumentó el comerciante a Brian.
Una manzana después se encontraron con los párrocos
y ahí es cuando el de Guyana se derrumbó en un lamento
emocionado.

—Este hombre me ha salvado la vida —confesó Stanley
entre lágrimas.

Brian, arrastrado por la misma emoción, le contestó sin
dudar.

—Tú puedes decir que yo te he salvado la vida y eso
puede ser cierto Stanley, pero quizá tú me salvaste a mí,
porque me sacaste de esa discusión en las escaleras de hacia
dónde ir. Estoy aquí y estoy bien porque tu voz en la oscuridad lo hizo posible.

Al terminar su breve discurso, los dos hombres se fundieron en un fuerte abrazo mientras los curas eran testigos de
su milagro.

—Pese a todo, ni siquiera viendo a los demás hubiese
querido subir —ratifica el economista canadiense—. Todos
eran adultos y tomaron la decisión que quisieron tomar.
Decidieron ir hacia arriba y esa fue su decisión.

Unas noches después, como el lunes siguiente, soñó con
la tragedia.

Vio a José Marrero vestido de blanco al pie de su cama,
con su sonrisa de galán y una camisa resplandeciente.

—José, ¿cómo lo has hecho? Pensábamos que estabas
muerto, has engañado a todo el mundo —le preguntó Clark
en medio del sueño.

Pero José no contestó. Se limitó a hacer un leve movimiento de cabeza como dejando por sentado muchas cosas. De repente desapareció sin más, hasta que la alarma del reloj de cada mañana arruinó la búsqueda desesperada de Brian en la punta de su cama.

—Desde entonces siempre he sabido que José está bien y que todos vamos a estar bien —remata místico, religioso—. El 11-S me clarificó la mente y cualquier duda que pudiese tener se me esfumó. Por eso estoy contento. En medio de todo este caos, la vida sigue.

Robert Williamson, derrocado por una tragedia mayor

Tiene la mirada resignada de aquel al que le han jugado una mala pasada y parece estar haciéndose mayor antes de tiempo. Mas sólo a ratos, porque si se le deja un poco acaba poniéndose nostálgico y positivo o contando una batallita entre compañeros de su vieja comisaría de la calle 35 con Novena.

Parece un hombre de ideas sencillas, de explicarlo todo como en las viejas cintas de vaqueros en blanco y negro con los sempiternos buenos y malos. Y dice las cosas de una vez, en un tono tan cerrado y grave y en un inglés tan peculiar, manchado con influencias de descendencia irlandesa, que a veces cuesta entenderle. Por suerte tiene gestos y miradas que dejan claro al final por dónde van los tiros.

Bebe café a montones en una taza blanca de cerámica cual sabueso frente a una pila de informes por resolver. Mide más de un metro noventa y tiene el pelo rubio y desaliñado, con una cara estirada y ojos claros.

Vive en las afueras de Nueva York —como a una media hora del puente George Washington—, en Nanuet, en una zona muy boscosa con casas unifamiliares de madera y sitio de sobra para montar en bicicleta. Tiene mujer y tres hijos que entran y salen de la cocina donde se sienta el padre a contar sus problemas. Hay buen ambiente, como de gente feliz dispuesta a salir adelante pase lo que pase.

Los niños saben que a su héroe de antaño, el que volvía a casa con la pistola al cinto después de un duro día persiguiendo a forajidos y malhechores, ya no es el que era después de varias operaciones, toneladas de pastillas y una inyección de insulina diaria.

Él mismo cuenta que ya no puede lanzarle la pelota de

béisbol a su hijo en el jardín como solía, pero supone que su hijo entiende y que sabe por lo que ha tenido que pasar. Y lo que le queda.

Bob Williamson (Manhattan, Nueva York; 1960), es un policía retirado de Nueva York al que le diagnosticaron un cáncer de páncreas catorce meses después de retirarse del cuerpo. Aunque la Ciudad no se lo reconoce, muchos médicos creen que la enfermedad se la provocó la zona cero, después de cinco meses de cavar en busca de muertos y patrullar las calles de alrededor hasta el cansancio.

Ahora Williamson anda metido en dos guerras, la del cáncer que ya le ha invadido los pulmones, y la de los abogados, o mejor dicho, encontrar a uno que consiga ligar otros casos como el suyo para meterle una multa millonaria a la Administración. De momento está con Michael Barash, que representa a otros seis policías retirados y seis bomberos, todos con cáncer a raíz del 11 de Septiembre.

Bob no se fía demasiado ni tampoco pierde la esperanza. Disfruta de lo que puede y le permiten, de sus tazas de café como si fuesen el equivalente de un paquete de cigarrillos diario que ya no se puede fumar.

Bebe otra vez dándole vueltas a sus posibilidades y a lo que le dicen los médicos cada día. Ha pasado por muchas manos, desde los que le dijeron que no había nada que hacer, hasta los que quieren tomar muestras de su tejido pulmonar para unir sus casos a los de otros policías en su situación.

Según las demandas presentadas, son hasta 1.700 los que reclaman por lo suyo después de haber trabajado en la zona cero. Pero cada caso es un mundo y a Williamson no le han dado ni un centavo hasta la fecha.

Falta le hará después de haber invertido miles de dólares en su operación y en los distintos tratamientos. Hasta 500 dólares le cobraron por unos análisis de sangre. Sabe que vive en un país donde la salud también es un negocio, parte del manual del capital.

Su mujer también quiere escuchar y se sienta al lado en otra silla de madera con la luz de la lámpara central iluminando su cara limpia, sin maquillaje. Es una madre de unos 40 años, con pinta de servicial y paciente.

Bob arranca y al principio manifiesta su temor de que su historia no sea tan buena, que quizá otros que sufrieron y se derritieron allí arriba merecían más el puesto que él, y también quizá por eso avisa que ha llamado a su amigo Michael, su jefe, que sí vio la historia desde más cerca, con más carnaza de muertos y destrucción para arrojar a la libreta de notas.

Confiesa que en el momento de la tragedia estaba durmiendo, que le tocaban largas jornadas de patrullaje nocturno y que a esas horas no estaba para atentados.

Su mujer lo despertó al escuchar por la radio que estaban llamando a todos los agentes disponibles, así que sacó a Bob de la cama sin pensarlo. Cuando estaba a punto de marcharse una de las torres ya se había caído o quizá no, aunque ninguno de los dos lo recuerda con exactitud.

—Sé que cuando estaba de camino en el coche se cayó la segunda —recuerda el ex policía—. Me acuerdo que había un tipo que contaba que había estado en Vietnam y que decía estar dispuesto a ir donde fuese para acabar con esos cabrones. Malditos bastardos.

Minutos antes había agarrado unas cuantas cosas en una bolsa deportiva, como si supiese que le quedaba demasiado tiempo por delante antes de volver a su casa. Williamson llegó hasta su base en la calle 35 entre la Octava y la Novena. Aparcó su coche y se dirigió hacia la zona cero con otros compañeros en un vehículo oficial. Le cuesta recordar lo ocurrido y no es capaz de decir con toda seguridad cuántos de su unidad —Crimen Manhattan Sur, que cubre desde la calle 59 hasta la punta de la isla— viajaban en el coche.

Sabe que alcanzaron la calle Chambers porque después logró situarse en un mapa, pero con todo el humo y la destrucción no supo nada de nada en las primeras horas de la catástrofe.

En realidad no puede contar mucho porque llegó ya muy tarde, como a las 12 de la mañana y en vez de ser parte de la heroica como acostumbraba, le tocó golpearse una y otra vez contra el cristal. Le pararon en la mayoría de los controles y tuvo que acatar las órdenes que le pedían salir de allí porque ya eran demasiados y lo primordial era intentar poner orden.

—Esa noche no pude entrar en la zona cero. Quería ayudar porque sabía que había gente viva. Me quedé a las puertas. Seguramente tenían razón, pero estaba cabreado de que hubiesen hecho eso y que no pudiese acceder.

A Bob le tocó dar vueltas y tratar de ponerse en situación, preguntar si podía hacer algo, prestar su celular a los que necesitaban llamar a sus casas para contar que estaban bien y no desesperarse.

Hasta que su mujer le llamó para contarle que un compañero suyo, John Flint, había desaparecido, y eso se convirtió en misión.

—Pregunté a algunos de los policías que pasaban por allí y algunos ni siquiera se dignaban en contestarme a pesar de que me conocían bien —gruñe en un tono algo desafiante— aunque en cierto sentido lo entiendo porque estaban demasiado ocupados —asegura bajándole el tono casi automáticamente.

En ese caos de ideas, todas sin seguir un guión de tiempo, Williamson recuerda de pronto que tuvo que salir corriendo, cuando a eso de las cinco de la tarde el edificio 7 del World Trade Center se vino abajo en un enorme estruendo que no vino sino a recordar a pequeña escala lo vivido unas horas antes.

Recuerda que se refugió en el edificio de American Express, justo frente al Hudson, y que dentro se encontró con un compañero retirado con el que se fundió en un sentido abrazo. Se puso a llorar aprovechando la ocasión para dejar salir tanto drama acumulado, tanta frustración en un día extraño como ninguno.

—Finalmente averigüé que John Flint estaba vivo —cuenta atando el primer cabo suelto. Después empezaron a llegar los médicos y más personal.

Menciona a los sanitarios y cambia de tema para contar una historia sobre un hombre al que le iban a amputar las piernas tras el derrumbe de la segunda torre. Williamson lo escuchó en la radio de la Policía, impresionado.

—Estoy casi seguro de que al final no se las tuvieron que

cortar y que lo sacaron vivo. Pero sé que estaban entrando los médicos y que le iban a cortar las piernas, así de fácil —cuenta impresionado. Es un hombre duro pero le afectan mucho las cosas. Viaja con la mirada alrededor del cuarto en muchas ocasiones y no tiene problema en quedarse callado pensando o ronroneando por lo bajo.

Recapacita un instante y pone una nueva pieza en el desordenado rompecabezas de sus primeras horas de tragedia. Ahora habla de algo que conoce bien, de los robos en la zona ese mismo día, de los que aprovecharon el desorden para sacar tajada de la estampida.

—Me contaron que habían estado robando en la zona ese mismo día y pensé en lo que es el ser humano, en cómo este tipo de cosas sacan lo mejor y lo peor de la gente. Sé que hubo robos esa misma noche —confiesa conteniendo la rabia policial—. Yo estuve patrullando la zona en los primeros días, los locales, los edificios... había algunos compañeros a los que no les gustaba eso porque querían entrar y trabajar en la zona cero para buscar cadáveres. La primera noche que entré todo eran pilas de porquería. Recuerdo a un tipo de la construcción que se metió entre todos los escombros y logró llegar hasta abajo, al metro, y dijo que había un tren intacto en el fondo y que no había nadie muerto. Todo lo que se sacaban eran cubos de basura.

Tiene la atención de todos los presentes sin haberse dado cuenta, con su voz grave de recién levantado y su expresión seria por momentos recordando sus vivencias y dejando constancia de lo mucho que le afectó todo aquello. Además llueve a cántaros fuera y se escucha el golpeo de la tormenta en la ventana de la cocina. La lámpara sobre la mesa de madera del desayuno se hace casi imprescindible.

Deja de hablar porque acaba de entrar Michael Kelley (Bellville, Nueva Jersey, 1965), su ex jefe y su íntimo amigo, un individuo muy alto también y con cara de buena gente. Se ha acercado hasta la casa de Williamson porque éste se lo ha pedido, y da la impresión de que no hay nada que Kelley no haga por la causa de su amigo.

Fue el que recaudó fondos para los problemas médicos de Bob y el que se la juega hablando de las injusticias que se gestan en su oficina a pesar de tener aún tres años por delante antes de retirarse.

Se sienta en la misma silla donde antes estaba la mujer de Williamson, rechaza los ofrecimientos de cortesía, no gracias, ni refrescos ni comida ni café, y se pone a contar, porque según el bueno de Bob, su jefe lo vio todo mejor que él y tiene mucho más que contar, sin importarle ceder el protagonismo que tanta ilusión le hizo conseguir.

—Iba camino a la corte ese día. Me llamaron al celular y uno de los detectives me dijo que algo había golpeado la torre. Le dije que sí, que seguro —explica con una sonrisa forzada, incrédulo como a quien le acaban de contar un mal chiste.

Fue uno de los últimos en cruzar sin tráfico por el puente de Brooklyn porque a esas horas ya todos los accesos a Manhattan estaban cortados. Llegó a la comisaría en Midtown, agarró su equipo —dos detectives y un sargento— y se fueron hacia abajo.

—Según conducíamos escuché el impacto de la segunda torre en la radio, probablemente "1010 wins" —una de las emisoras de noticias locales más populares. Recuerdo que algunos de los detectives pensaban que estábamos demasiado cerca, me imagino que porque pensaban que se iba a caer doblada. Algunos pensaron que Uptown no era lo bastante alejado. La Torre Sur se vino abajo y se perdió la visibilidad hasta de su torre gemela. Kelley caminó entre los escombros hasta la esquina de Vessey y Wall Street, donde se encontró con su cuñado sacando gente hacia una ambulancia aparcada en la intersección de las calles.

—Miré hacia la segunda y aun así no creía que pudiera caerse.

Dice Kelley que no había policías ni bomberos saliendo de entre la niebla de escombros y que los médicos le dijeron que no se le ocurriese entrar, que no merecía la pena. Aún así agarró a su compañero Jimmy y le instó a llegar hasta el epicentro, a ayudar en todo lo posible.

En realidad no pudieron hacer mucho más que contemplar el dantesco espectáculo de los que saltaban al vacío.

—Se les veía la cara perfectamente. ¿Sabes esa historia que cuentan de que a la mitad del camino se mueren por la impresión? Eso no es cierto. Estaban conscientes hasta el impacto final —dice con total convicción, apostando su vida a ello—. Recuerdo a una chica que intentaba agarrar algo antes de matarse. Yo pensaba que quizá podían instalar un globo en el suelo. Era un shock... todavía intentaba saber qué estaba pasando, situándome —recapacita con su cara de tipo honesto.

Bob no le mira pero escucha orgulloso, asintiendo o mirando para ver la reacción del entrevistador, impresionado

todavía con las vivencias de su amigo, como diciendo: te lo
dije, su relato es increíble, mucho más cercano que el mío.
Kelley en cambio está en lo suyo, contando su historia con
total claridad. Le gusta contar batallas y es bueno y se explica
bien, aunque no es de palabras contundentes ni filosóficas.
Lo suyo es el informe policial preciso y bien detallado pero
sin sensacionalismos.

Reincide en los que caían casi por inercia.

—Uno de ellos iba mirando para ver dónde iba a aterrizar
y empecé a pensar qué hubiese hecho yo. Qué sé yo…

Junto a un fotógrafo que intentaba captar el último
momento contempló el desplome final. Salió de estampida
sin pensar, intentando poner unos metros de distancia antes
de ser enganchado por la mole en descomposición. Corrió
junto a su compañero hacia el edificio de American Express
—el de la azotea de cristal con forma de cono que aún sigue
ahí—, divisó a su cuñado que estaba en la esquina y trató de
gritarle sin saber muy bien el qué, como alertándole de lo
obvio, y al doblar la esquina vio a dos enfermeros que tuvieron que soltar al hombre que cargaban para salvar su vida.

La nube le tragó justo cuando llegaba a las puertas giratorias del edificio. Logró entrar ya bañado en ceniza.

—Lo último que vi fueron las puertas de cristal antes
de que todo se volviese negro. Ya dentro me acordé de Bill
—Bill Biggart, el fotógrafo, cuyo nombre desconocía Kelley
en aquel instante— y supe que tenía que ir a buscarlo.

Salieron del edificio porque el sistema de alarmas ensordeció la escena en la recepción del edificio de American Express. También estaba el miedo a que los vidrios reventasen, así que no duraron mucho dentro del refugio.

—Salí pensando en los sitios donde podía estar Bill. Caminamos entre escombros, en un ambiente irrespirable, en busca de un fotógrafo con una máscara para protegernos —escenifica el jefe de policía de origen irlandés—. Busqué a Bill porque sabía que era la única persona que estaba viva antes del colapso.

Pese a la insistencia, Biggart no apareció. Sólo un año después Kelley supo quién era el hombre al que había estado buscando. Vio su trabajo rescatado en internet y las últimas fotos que sacó de gente evacuando el edificio y de las calamidades que dejó la caída de la primera torre a la que sí sobrevivió.

—A su viuda le tuve que decir que no sé lo que pasó con su marido. Simplemente le perdí de vista en el momento de echarme a correr —reconoce con gesto decaído.

No había agua y todo era un desastre allí abajo: es la primera impresión de Williamson desde la llegada de Kelley.

—Creo que les llevó días organizar y empezar a saber quién era quién. Ni siquiera sabían quién había desaparecido de su gente. Las noticias iniciales decían que habían muerto 100 bomberos, pero yo sabía que tenía que haber más después de ver aquello. Estaba convencido de que había desaparecido el primer batallón por completo.

Esa noche, al volver a su base a las dos de la madrugada,

llamó al Quinto Precinto de Policía en Chinatown, su antiguo lugar de trabajo durante 17 años. Quería saber cuáles de sus conocidos no habían vuelto a dar señales de vida. Contestó su antiguo compañero con el que patrulló las calles de Nueva York durante años y que había sido transferido a Narcóticos unos meses antes.

—Hey Kidney, es Bob. ¿Qué haces tú ahí?

—No te vas a creer esto Moe —Moe, o algo por el estilo era como le llamaban en la comisaría, vaya usted a saber por qué—. Acabo de encerrar a un tipo robando a un bombero muerto allí abajo.

—Me estás tomando el pelo —respondió Williamson reaccionando.

—Acabo de meterlo en el agujero.

—¿Era un tipo negro verdad? —contesta visiblemente acalorado.

Williamson hace un inciso y se disculpa por haber preguntado aquello entonces, pero se le juntaron los nervios con la experiencia y fue casi un acto reflejo.

—No, un irlandés.

—Maldito pedazo de mierda. No me lo puedo creer.

La conversación con Kidney le varió el rumbo. Salió zumbando en dirección a Chinatown para sacarle hasta la madre al detenido. Tenía ganas de reventarlo y era la ocasión perfecta para liberar todo lo que llevaba dentro. Al final no hizo nada o quizá no pudo hacerlo, porque hasta en una situación así hay reglas internas imperturbables.

—Me enfrenté con el tipo cara a cara y le llamé todo lo que se me ocurrió, cada palabra del libro. Era un pedazo de mierda que había robado a un bombero muerto —dice escupiendo las palabras con rabia, deseando ir a más.

—No pude tocarle un pelo, pero al menos me sirvió para sacarme la frustración que llevaba dentro. Me hubiera encantado pegarle, pero no pude —confiesa de forma sincera.

Vuelve a estar meditabundo y suelta su conclusión al cabo de cinco largos segundos.

—Supongo que en catástrofes así ves el lado bueno y amable de la gente pero también ves la maldad extrema — usando casi las mismas palabras que cuando habló de los que robaron en los pisos de al lado nada más caerse las torres. Al parecer nadie murió ni en el Primer ni en el Quinto Precinto de Policía. La mayoría de los asignados a esos centros estaban ese día en tribunales —junto al puente de Brooklyn y la Alcaldía— resolviendo casos de narcóticos, mafia o similares, en una rutina normal en su oficio. Cuando empezó todo les tocó de lleno, aunque estuvieron a salvo. Kidney iba a corte cuando estallaron los edificios y un rato después fue cuando descubrió al ladrón sin escrúpulos.

Kelley también tenía papeleo ese día en tribunales pero se quedó a medias como todos los demás. Horas después andaba buscando a Bill, el fotógrafo que conoció minutos antes.

Supuso que lo encontraría por los alrededores, debajo de algún camión de bomberos o refugiado en uno de los edificios contiguos, pero en lugar de Bill Biggart se topó con otros cuerpos tendidos en la calle, vapuleados por el último temblor.

—Cuando volvimos a la zona donde estábamos antes de la caída apareció un capitán con policías de un precinto. Nos movimos con ellos apagando fuegos que había por todas partes, entre un humo espeso —vuelve a narrar Kelley—. Pensamos que podía ser gas, así que nos apresuramos a sofocarlos.

Pasó los primeros 15 minutos entre escombros sacando gente. El primero apareció cuando una compañera lo encontró tirado en el suelo inconsciente y con la mandíbula arrancada. Todavía respiraba, pero Kelley no está seguro de si vivió para contarlo porque se lo llevaron de inmediato.

—Encontramos otros cinco cuerpos en la misma manzana. Probablemente corrieron en la misma dirección para salvarse y no llegaron a tiempo —especula el jefe de policía—. Al primero le dimos la vuelta, le pusimos oxígeno y lo tumbamos en una camilla. Después les pedí que me devolviesen la camilla creyendo que habría miles de casos más. Fue algo estúpido porque no encontramos a nadie más vivo —admite de forma trascendente y con cara de frustración este especialista en catástrofes, antes médico asistente en una ambulancia durante tres años.

En poco menos de una hora se quedaron solos, en una zona desierta y gris, nubosa. No había nada: ni muertos, ni personas heridas ni rastro del drama humano. Sólo escombros y fuegos y montañas de desesperación en forma de fotos, restos y demás pilas de porquería.

Kelley lo describe como una especie de coto privado donde deambulaban como podían su compañero Jimmy y él en busca de víctimas.

A las dos de la mañana desistieron y se fueron a sentar

junto al río, a recapacitar. Hacía falta poner un poco de orden mental.

Williamson tardó una hora larga en abandonar la comisaría de Chinatown y marcharse a su casa. Le quedaba el gusanillo por dentro de no poder entrar a cavar, de no estar metido de lleno en el fregao, sin saber que acabaría hastiándose del asunto y pagando demasiado por su ímpetu.

Dos días después los dos amigos se vieron las caras allí abajo, cada uno en su sitio, el uno dirigiendo y el otro listo para recibir instrucciones. Hay fotos del grupo a pocas manzanas de la zona cero, justo enfrente del Burger King de la calle Church que sirvió de cuartel general a un nutrido grupo de policías y bomberos. Se les ve riendo entorno a un montón de trabajadores de la construcción, con sus cascos y ropas manchadas de miseria, satisfechos por estar en el centro del universo y ser protagonistas.

Parece que al principio Kelley se la montó a Williamson por agarrar de la comisaría material de emergencia como linternas y cosas parecidas sin permiso, pero la anécdota sólo les sirve para volver a soltar la carcajada de complicidad sobre la mesa de la cocina.

Williamson se arranca primero y habla del Burger King y los alrededores.

—Aquello era zona de guerra, un auténtico desastre, coches cubiertos por el polvo, los comercios también —relata rápido y seguido.

En su habitual sucesión de ideas, menciona los daños

que sufrieron los coches de bomberos tras los derrumbes, por aquello de que muchos que quedaron impregnados de catástrofes fueron reintegrados sin más al servicio.

—Toda esa porquería se coló por el sistema de calefacción y cuando se ponía de nuevo se podía respirar —revela indignado Bob—. Como el de la calle Great Jones. Ese lo limpiaron y volvió a estar en servicio. Mi amigo Kevin me dijo que quisieron mediar en el asunto y se quejaron pero no les hicieron caso. Su capitán le dijo que condujese y callase. A la Ciudad no le importamos nada —dice como el comienzo de una larga queja, de un resentimiento casi histórico y justificado contra la Administración de la que dependió durante sus 20 años de servicio.

Kelley opina lo mismo pero le faltan unos años para jubilarse y prefiere no meterse en líos. Además es jefe y no le queda otra que achantar y tragarse todas las que ha visto y conoce de primera mano. Sin embargo, está ahí para su compañero, para asentir cada vez que Bob cuenta una historia de injusticia por parte del cuerpo sin decir mucho o pedir que sea *off the record*, por si las moscas.

Al final se apunta al festival de críticas y aporta hechos contundentes, incontestables que dejan con el trasero al aire a su departamento.

A raíz del relato de Bob, explica que muchos de los coches de policía también volvieron a su actividad normal una vez que pasaron unos controles tan estrictos como una limpieza en un lavado de coches.

—Dos meses después de los atentados les hicieron un examen a los vehículos y todos dieron positivo. No sabemos positivo de qué, pero los volvieron a reintegrar en la flota y los usan los compañeros cada día.

Kelley admite que la Ciudad debía saber que los coches estaban contaminados para mandarlos examinar, pero que nunca quisieron admitir que eso era cierto.

—Los llevaron a un lavado de coches y eso fue todo— corrobora el jefe de Policía de 39 años nacido en Nueva Jersey.

—No les importa nuestra salud— dice Bob deseoso de volver a la carga.

Todo empezó a complicarse cuando Williamson logró por fin meterse y ponerse a cavar. Con las montañas de escombros y el humo diseminado por todas partes, nada parecía indicar que aquello no fuese poco más que un lugar difícil donde trabajar. Los especialistas en el área llegaron a decir a los dos días de la catástrofe que el aire era seguro y que estaba limpio en un 70 por ciento, pero la mentira no podía ser más despiadada. De la zona cero brotaban fuegos incontrolados y agujeros de gas sin una procedencia clara. Y eso sin contar con el asbesto que recubría gran parte de los cimientos de los gigantes. Dicen que se quedó agazapado en los pulmones de muchos que aún lo llevan en sus entrañas.

Pero Bob no sabía nada de eso ni parecía estar muy interesado. Él quería ayudar a salvar a los suyos.

—La rutina era cavar. Trabajábamos todos los días, día y noche, de 4 de la tarde a 8 de la mañana, todos los días de la semana, incluidos días libres, durante cinco meses.

Se levanta en dirección a la cafetera sin dejar de hablar,

bebe un sorbo y se vuelve a sentar, ya completamente metido en la historia, a gusto, sin reservas de ningún tipo.

—Sólo tuve un día libre para ir a una boda y ni siquiera me apetecía ir —afirma con un tono socarrón—. No tenía ganas de dejarlo para ir a una boda.

En parte, Williamson estuvo allí asignado casi un semestre y sin descanso por ser su zona habitual de acción. Aquello se trataba de un crimen, de unas características desproporcionadas, pero un crimen al fin y al cabo. Cubrían cualquier cosa que pasase en la isla de los rascacielos de la calle 59 para abajo.

Con base en el Burger King, que fue debidamente saqueado en los días posteriores —Bob dice que se zamparon todo lo que tenían en las neveras repletas de comida porque se iba a perder de todas maneras—, patrullaban controlando a los cacos y realizaban turnos para entrar y salir del cementerio gris de montañas metálicas en busca de algo reconocible que reportar.

—Fue nuestra zona de patrulla durante esos meses —asegura Mike tomando el relevo—. Uno de los días posteriores a la catástrofe, pasé por delante de una tienda de colchones que tenía la puerta volada. Me metí y descubrí una puerta al fondo que daba a un edificio de apartamentos. Al subir a la segunda planta y entrar en el primer apartamento vi a un tipo vestido con una máscara y un chaleco rojo reflectante. Le pregunté que de dónde era y me dijo que pertenecía a un equipo de rescate. En cuanto le pregunté que a qué unidad pertenecía y me dijo que era de México... —sonríe mientras mira a su compañero, que le sigue con un gesto de complicidad—. Ahí supe que estaba robando el apartamento. Lo detuve y lo llevé a la base, al Burger.

—Estábamos patrullando la zona, controlando que no hubiese robos —concentrado de nuevo, refrenda cada cosa que dice su ex jefe, como si todavía estuviese en la oficina haciendo un reporte, fiel como un perro de presa—. Fue frustrante para mí entrar los primeros días en la zona cero y no poder encontrar nada. Le recé a Dios para encontrar a alguien con vida pero no hubo suerte.

Bob indica que bajaban hasta allí con palas y un cubo, y que cada vez que aparecía algo sospechoso llamaban a los chicos del FBI para que se llevasen los restos y los analizasen.

—Cortaba metales, tubos por donde salía vapor —continúa el de Nueva York.

—Mis zapatos se derritieron por el calor —mete baza Kelley.

—Y a mí me dieron unas botas nuevas los de la Cruz Roja, porque las mías también se echaron a perder.

Como dice el de Nueva Jersey para cerrar el turno de réplicas, había historias para contar cada día que estuvieron en la zona.

Los días pasaron y comenzó a bajar la intensidad. No había ni resto de supervivientes y la mayoría se olvidó de la esperanza de encontrar a alguien vivo, aunque se seguían alternando en lo de escarbar y patrullar, según el estado anímico de cada uno.

De una forma certera, Mike describe la cadencia de las jornadas como estar a ratos dentro de la serie de televisión "Mash", la de los militares anclados en un valle de Vietnam aburridos en tiendas de campaña y riéndose de la guerra, donde la mayoría del tiempo la situación era deprimente, pero donde siempre aparecían pinceladas de humor o situaciones cómicas a base de rutina y repetición, propias del lenguaje entre policías y bomberos.

En su manera de decirlo resulta entendible, lejos de lo irrespetuoso o lo trivial.

—En el día catorce aún estaba buscando restos. Estábamos cavando y yo estaba en la cima de una montaña de escombros y de repente alguien mandó callar a la gente porque se oía algo. Pensaron que era un edificio que se venía abajo, pero nada se movía y de pronto vimos gente subiendo y bajando de las montañas de escombros, corriendo como locos —empieza a reírse y Bob le sigue sin mirarle, como casi toda la conversación, compartiendo la anécdota de su colega—. Pasaron cosas curiosas dentro de lo macabro —redondea Kelley callando la sonrisa poco a poco.

Unos días más tarde la cosa volvió a la tristeza profunda que dominaba. Encontraron el cuerpo hecho pedazos de un policía de la Autoridad de Puertos de Nueva York y Nueva Jersey.

—Fue interesante porque lo encontramos en unas escaleras en el nivel de un garaje. Debía ir hacia el parking, donde curiosamente los coches aparcados estaban intactos, y si hubiese caminado unas escalones más se habría salvado —dice Kelley aportando su experiencia de comisaría—. No sabíamos si iba hacia arriba o hacia abajo. Solo le vi los pies porque el torso estaba completamente cubierto —se queda en silencio y apoya la cabeza con el codo recostado sobre la mesa, contando la historia con frialdad, como el que ha visto mucha desgracia junta—. No fue el único que recuperamos. Aparecieron varios cadáveres a lo largo de los días. Williamson en cambio no pudo ser testigo de algo similar y por eso prefirió patrullar la mayoría de los días para no chocar de nuevo con la ansiedad. También eso le resultó frustrante, ya que en cada esquina había un control de compañeros de policía nuevos que no le conocían pidiendo la identificación.

—No sé porqué hacían eso —explica medio encojonado el policía—. Cada vez que llegabas a una esquina tenías que volver a explicarte.

Del resto del patrullaje dice que era como navegar por un cementerio, por un lugar desierto y triste, sin esperanza.

—Yo trabajé toda mi vida en el bajo Manhattan y verlo así impresionaba. Era muy extraño. Además se respiraba fatal —continúa recordando con soltura, inclinándose hacia la mesa— y ni siquiera las máscaras de papel que distribuyeron sirvieron para algo.

—Yo tampoco vi a nadie probando la calidad del aire ni haciendo nada al respecto —complementa el jefe Kelley en un tono sosegado.

Todo el personal del lugar sufrió de lo mismo, incluyendo a médicos, periodistas o a los monjes franciscanos que desfilaban delante de las cámaras de televisión a altas horas de la madrugada con túnicas y sandalias negras después de noches enteras de prestar ayuda espiritual.

Los políticos también chuparon de las dos cosas, cámara de televisión y aire contaminado, pero mintieron para relajar al personal y que siguieran trabajando como si nada. Christie Whitman, la ex gobernadora de Nueva Jersey y jefa de la Agencia de Protección del Medio Ambiente, dijo el día 13 a pocas manzanas de los restos de silueta de una de las torres, que el aire era seguro y que se habían hecho ya los exámenes pertinentes.

Mike y Bob circulaban sin máscaras porque tampoco le vieron la utilidad. Los únicos allí que llevaban pañuelos eran los trabajadores de la construcción, pero en el casco o en el brazo como elemento decorativo. Llegaron miles de todos los puntos del país. Aterrizaban en esos pantanos de cemento amontonados para sacar toneladas de hierros y sostener los edificios que amenazaban durante días enteros con venirse abajo.

—La verdad es que eran los más duros de todos, los de más mérito, porque hicieron un trabajo impresionante —opina Bob con su tono grave de voz.

—Yo recuerdo —salta Kelley de repente, sin venir a cuento pero con ganas de dejar constancia de su inciso, volviendo a las primeras horas— que nos encontraron a mí y a Jimmy a las dos y media de la mañana. Mi teléfono sonó y eran agentes preguntando que dónde estaba. No te muevas, me ordenaron, llevamos horas buscándote. Pensábamos que estabas dentro del edificio cuando se vino abajo, me explicaron. Está bien, no me muevo, les dije antes de que me sacaran de allí y volviese a mi base en la 34.

Metí mi ropa en una bolsa de basura y nos registramos en el hotel New Yorker —uno de los míticos de la ciudad, ubicado en la Octava Avenida y 34——. Después bajamos al dinner de la esquina, el "tic-tac". ——una cafetería imitación estilo americano años 30—— y me pedí un bollo y un café ——continúa contando con la complicidad de una cocina en silencio, aunque sin prisa por ir al grano——. Me cobraron el doble de lo normal ——confiesa mientras empieza a reírse con un efecto contagioso, satisfecho por no dejarse ni un detalle fuera——. Se suponía que fuesen los buenos samaritanos, pero me cobraron 20 dólares por un bollo y un café.

Bob dice a colación que en los días que estuvo trabajando en la zona cero hubo toneladas de comida gratuita cedida por los restaurantes de la ciudad, que se portaron de maravilla con ellos y que nunca les faltó de nada en ese sentido, dejando constancia una vez más de la enorme solidaridad de los neoyorquinos en situaciones adversas.

En fin ——regresa Mike a lo suyo——, que fue mi primer momento para asimilar todo aquello después de horas metido en el lugar. Puse la televisión y empecé a ver toda la crudeza de las imágenes. Me golpeó de frente ——relata serio y trascendental——. No soy una persona que se estrese en absoluto, pero en ese momento sentí un estrés total. Me vine abajo.

Pese al bajón moral y a la falta de descanso siguieron cavando durante días, hasta catorce porque Mike había oído que en lugares como México durante el terremoto del 87 aún sacaban gente viva casi dos semanas después. Pero esto fue distinto. Aquí todo acabó pulverizado, como en una gran hoguera descontrolada por jóvenes de pueblo maltratadores del medio ambiente que salieron huyendo borrachos en una noche de juerga contentos por su hazaña a la mañana siguiente, comentando entre risas su estupidez reflejada en los periódicos locales. En la punta sur de Manhattan sólo se podía remover entre los cenizas con un palo para ver qué se había salvado o de qué color se había vuelto. La esperanza la alimentó la ignorancia por no poder ver desde allí lo que realmente había sucedido.

Unos instantes después, tras su relato intimista sobre lo que le dejaron las torres en las entrañas la primera noche, el sargento Mike Kelley, siempre relajado al fondo de la mesa, aporta más datos sobre el caso.

—Me acuerdo de que escarbamos y salía gas por todas partes —reflexiona sin dejar de mirar fijamente a los ojos con virtudes de narrador experimentado—. Pensaba que estaba respirando las cenizas de gente muerta, pero en mi mente estaban los terremotos de otros países en lo que habían aguantado las personas allí atrapadas durante días. Así que quizá había alguien allí en busca de ayuda. Mientras eso pasase no tenía intención alguna de detenerme.

También registraron viviendas y buscaron malhechores por los alrededores.

—Algunos quizá eran los mismos policías tras rastrear los apartamentos en busca de ladrones —confiesa Kelley sin remordimientos y con un atisbo de rabia en el tono—. Quién sabe.

Lo cierto es que después de que se hubiesen caído las torres parecía que el mundo había desaparecido y no tenía interés en saber si había ladrones. No me importaba la verdad.

A raíz de eso surge la pregunta sobre lo que se publicó en varios periódicos locales, quizá el "New York Post" o el

"Daily News", sobre miembros del cuerpo que se llevaron recuerdos del lugar, pruebas valiosas que debieron haberse quedado allí o usadas para saber más de los atentados.

Williamson pone cara de no saber nada, levantando las cejas y estirando el rostro. Kelley se queda callado como un muerto, con gesto de pocos amigos. Mejor no hablar de asuntos internos espinosos, casi retorcidos.

—No comment —dice el jefe.

Bob recoge el testigo tranquilo, sin presión pero tomándose un tiempo.

—Dicen que había gente sacándose fotos como recuerdo.

El 90 por ciento de los hombres de allí abajo eran héroes, pero siempre hay excepciones —comenta sereno, queriendo ir más lejos pero sin poder, atenazado por no querer comprometer a terceros.

Todo el mundo se queda callado durante un rato, carraspeando, jugando con la taza de café o terminando de apuntar una frase en la libreta de anillas. Se nota que el tema no ha caído bien y que fue una vergüenza monstruosa para muchos. El inciso se acaba con otra anécdota.

Kelley, que es el más hablador con diferencia —casi parece el portavoz de su compañero—, cuenta lo de dar de comer a los peces y se vuelven a reír los dos con complicidad. Al parecer se metieron en apartamentos buscando a las mascotas abandonadas que estaban sin comer, como canarios, perros y gatos y fue parte de su misión salvarles de una muerte segura.

—Hicimos de todo —resume Kelley.

—Creo que encontraron un brazo un día que yo estaba

allí con la pala —tras unos segundos concentrado en lo suyo, el policía retirado y bonachón deja escapar otra idea suelta, volviendo sobre su obsesión particular de aquellos días grises de sol—. En realidad vi como sacaban partes de cuerpos varias veces pero yo no encontré nada. Sí encontré una máquina fax y una cartera —baja la voz y la deja recogida en la garganta para que resulte difícil que se escuche—. Fue muy triste cuando vi las fotos dentro… fue triste encontrarla… La metí en una bolsa.

Es poco hablador pero le bastan las palabras que deja salir. Bob Williamson es un tipo grande y bueno que cavó para sacarse de encima la frustración por la matanza injustificada, buscando restos mientras el resto de la ciudad dormía. Un mes después seguía allí, y cinco meses después también, con Nueva York inmerso en una normalidad incierta, fingida y falsa, con gentes olvidando lo sucedido en la cola de una discoteca con vistas al resplandor de la masacre, unas 20 calles al norte. En ese estadio de luz blanca, como de aparición metafísica en medio de la noche, se quedó Bob para sacrificar su tiempo y su vida.

Sale a la luz la historia de unas ocho personas sin identificar que se quedaron encerradas en un ascensor del edificio de American Express. Dicen los rumores en los pasillos de la policía que la Ciudad hizo la vista gorda con ese asunto para no chuparse otra demanda, pero que fue negligencia suya porque cuando abrieron los ascensores se encontraron con los cadáveres cansados de tanto esperar. Una leyenda más de las que circulan sobre el 11 de Septiembre de boca de los que estuvieron más cerca.

También confiesan —ésta la explican partiéndose de risa— que entró hasta allí un tipo que había comprado un coche de policía en el famoso sitio de internet ebay.com, donde se subasta hasta lo que no existe.

Según Bob, este hombre de California tenía una obsesión por todo lo policial y había decidido infiltrarse en la zona cero para impresionar a unas chicas. Y consiguió armar un buen revuelo después de conducir su coche de imitación a prueba de balas desde California hasta Nueva York para ser cazado por los polis locales por la matrícula.

—Matrícula de California, vete a paseo —exclama Bob con una expresión de estar tumbado en la barra del bar de siempre con sus colegas, con una media sonrisa—.

Al parecer, el incidente llegó incluso a retrasar la visita del presidente Bush a la zona por no estar suficientemente segura. Después procedieron a registrarle su apartamento de Manhattan y encontraron armas y fotos de la policía en gran cantidad.

—En realidad no creo que estuviese allí abajo para hacerle daño a nadie —aporta Kelley convencido— porque el tipo trabajaba en banca y tenía mucho dinero.

—Era un caso mental serio —asegura Williamson socarronamente y riendo en ascenso—. Fue una cuestión interna que resolvimos con los del FBI.

Más relajado piensa en comer y pide unos "gyros" de pollo y carne para todos por teléfono. Kelley pasa del pedido y se conforma con una Pepsi, pero Williamson está por comer y disfrutar. Explica que en la zona cero le daban de comer bien y que incluso estuvo en el Spirit of New York —un barco para turistas que da la vuelta a la isla— equipado especialmente para la ocasión con comida de todo tipo e incluso masajes para los que estuvieran machacados de tanto remover hierros y vigas calcinadas.

—Fue una paliza un día tras otro —analiza Bob dejando el pan griego en el plato después de un mordisco violento inclinándose hacia delante— pero no hay duda de que es lo más interesante e increíble que me ha pasado en mi vida... y eso que estuve en un tiroteo fuerte en la ciudad. Pero esto fue horrible. No hay duda.

Catorce meses después le extirparon el páncreas en un hospital de Nueva York. Fue en abril de 2003, después de que empezase a ponerse amarillo.

—Compramos un colchón nuevo pensando que podía ser una alergia, pero después descubrimos lo que pasaba.

A pesar de ser un tema complicado, lo explica sin dejar de comer y dándolo por asumido, sin emocionarse ni alterarse, tranquilito. La verdad es que a pesar de la lluvia y de la mañana gris, el ambiente está lejos de ser pesado. Dan ganas de estar en esa cocina de Nanuet, rodeado de gente sencilla.

La cosa cambia de color cuando habla de demandar a la Ciudad para que le den lo que es suyo, como a muchos otros en el cuerpo a los que les dieron millones por cosas mucho menos escandalosas.

—Un policía que se rompió la cadera mientras trabajaba

en la zona cero recibió 1,3 millones de dólares, para un total de 900.000 dólares después del pellizco del IRS —el fisco gringo—, y además le otorgaron la pensión por incapacidad.

Se queda callado y mira fijamente con unos ojos cargados de frustración y resentimiento, pero también de autocompasión por lo que le ha pasado. Despierta mucha más ternura que miedo, aunque seguro que fue un tipo temible en sus años de comisaría, un policía descomunal cuando se veía pelirrojo y gordo —pesaba 30 kilos más antes de caer enfermo—, de esos que tienen pinta de ser los que más sacuden pero que son los mejores compañeros.

Unos meses después, la Corte Suprema de Justicia de Manhattan otorgó una pensión vitalicia libre de impuestos a Richard Lahm, un compañero retirado de 49 años, por considerar que su actividad en los meses posteriores a los ataques terroristas le habían agravado el cáncer de amígdalas que ya padecía. Un caso que podría haber abierto la brecha.

Sin embargo, el encargado del Fondo de Compensación para Víctimas del World Trade Center no ve nada para Bob porque reclamó demasiado tarde y porque ya cobra una pensión tras haberse retirado al cumplir sus 20 años de servicio reglamentario —son sólo dos décadas por considerarse un trabajo de alto riesgo—.

—Feinberg se llama el tipo que piensa que no me merezco nada —comenta ahora con rabia, casi con ganas de subirse la camiseta blanca que lleva puesta para mostrar la raja que tiene en mitad de la tripa—. Tu vida está en manos de una persona. Si le gustas te da el dinero y si no, nada.

Su suerte podría depender ahora de las teorías médicas.

El doctor Swanson, del hospital Mount Sinai, es uno de los que está tratando de conectar las enfermedades de los trabajadores de la zona cero con los cánceres que padecen. No le cobró nada a Bob en su última visita a cambio de que le dejase sacar una muestra de tejido pulmonar para su causa: estudiar varios ejemplos en la zona de Long Island de personas que trabajaron en el bajo Manhattan.

También está Joseph de Rose, su médico de cabecera, que piensa sin lugar a dudas que el cáncer de Williamson viene de allí abajo.

Para el afectado, más parece un caso de hipocresía por parte de la alcaldía —que tiene pánico a que miles de policías y bomberos enfermos con leucemias, asmas y sarcoidiosis puedan finalmente cobrar una indemnización millonaria— que una cuestión de sentido común clínico.

Ratificaron ese cinismo en su momento el entonces gobernador del estado, George Pataki, y el millonario alcalde Michael Bloomberg, que criticaron duramente la propuesta de ley redactada por la Conferencia de Funcionarios de Nueva York, que permitía a los empleados públicos cobrar una pensión vitalicia y libre de impuestos si se probaba que su enfermedad tenía relación con los ataques terroristas y pese a que ya estuviesen pensionados.

Esa cláusula, vetada por Pataki y para el regocijo financiero de Bloomberg, le hubiera solucionado la vida a Bob, que por ser jubilado ya no puede dar marcha atrás en el proceso de demanda, al menos de momento.

—Para la Ciudad soy un número, no le importamos en absoluto —Bob retoma su mirada asesina ahora que ya es el protagonista absoluto, con su jefe en el más profundo de los silencios—. Ni siquiera me llamaron cuando supieron que tenía cáncer.

Toma aire entre indignación e indignación y continúa recapitulando.

—Una compañera policía a la que se le murió el padre, un bombero, llamó a la Ciudad para informarse sobre los preparativos del entierro y lo único que querían saber era su código fiscal para dejar de pagarle la pensión. No les importaba si el tipo estaba muerto o no, sino ahorrarse el dinero.

A pesar de la injusticia sigue adelante, saltando de médico en médico, tratando de encajar las piezas de su larga enfermedad. El cáncer le ha crecido hasta llegar a los pulmones y eso ha llegado a provocarle serios problemas cardíacos. Su hígado también peligra, pero ya nada parece alterarle porque tiene fe en sus posibilidades.

—Soy un luchador y pienso vencerlo —manifiesta rotundo, convencido, sincero.

Su objetivo es aguantar cinco años, porque es el tiempo que necesita para ser candidato para un nuevo páncreas. Ahora cree que lo va a conseguir, aunque le llegaron a desmoralizar y arrancarle toda la energía positiva que le quedaba, a decirle que se moría ya y que ni la quimioterapia servía.

—Un médico me dijo que no importaba, que me fuese a casa, que en un mes quizá… que quizá en dos —dice moviendo la mandíbula como si estuviese haciendo balancear un palillo de dientes, en un gesto de manifiesto de cabreo—. Además me cobraba 1.000 dólares.

Está seguro de que le han mentido mucho los doctores que ha visto, que antes de su operación le dijeron que tenía un cáncer benigno y luego otro maligno.

—Después me dijeron que no iba a necesitar radiación y después que sí —se detiene calmado, pero con el planteamiento de quien está con la guardia en alto—. Luego leímos en internet, en la página del centro de investigación contra el cáncer John Hopkins que me quedaba menos de un año de vida y lo hablé con mi mujer. Cuando fui a ver al médico de Columbia le dije que me dijese la verdad, que tenía que saber si era cierto que me quedaba un año de vida. Y me dijo que estaba grave, que necesitaba quimioterapia.

Se incorpora sobre la mesa con un gesto amenazador, para explicar que durante su interrogatorio al galeno que lo quería mandar al hoyo en menos de 365 días, el médico susurró algo por lo bajini, probablemente acobardado por la mezcla de la presión de aquel tipo enorme. Bob le preguntó que qué había dicho como si se tratase de su habitual sospechoso sentado en una silla en la comisaría. El médico acabó admitiendo que sus peores temores eran ciertos.

—Me sentí horrible, asustado —confiesa con los ojos enrojecidos—. Me sentí traicionado.

Sin embargo, unos días después visitó a otro oncólogo que no tenía ganas de arrugarse ante nada, de los de actitud positiva. Le dijo a Bob lo que quería oír, que viviría para ver a sus hijos hacerse mayores.

Las distintas versiones han dejado huella en la familia Williamson, y no sólo psicológica. Algunos de los centros donde el joven ex policía ha recibido tratamiento no quisieron aceptar su seguro médico y le tocó pagar sumas astronómicas. Además, el fondo de pensiones para su familia lo alimenta de su cheque de jubilación, que en el caso de los detectives les llega a los 20 años de servicio en el cuerpo. Los gastos son múltiples.

La solución a todos los males, o al menos a algunos, vendrían de una compensación de la ciudad de Nueva York, de las opiniones médicas y de algunos portavoces sindicales de la policía, los bomberos y la autoridad portuaria de Nueva York y Nueva Jersey. Voces que claman por una solución para los que se están muriendo ahora y los que están por venir que todavía ni lo saben, las víctimas del 11 de Septiembre, que lo respiraron hasta caer rendidos.

Kelley hace un buen rato que no dice nada. Ha vuelto a escuchar la historia que le corroe por dentro, ver a uno de los suyos —a su amigo del alma— dejarse la vida en el intento de servir a la Ciudad sin que se lo reconozcan, en el país de las compensaciones millonarias para los que no sabían que un paquete de cigarrillos diarios les podía matar después de 40 años de hábito.

—Recuerdo estar en una de las montañas de escombros cuatro días después —comenta volviendo a recordar el de Nueva Jersey— y diciéndole a mi compañero que para enero todo el mundo se habría olvidado de esto, que habrían vuelto al trabajo y a la rutina. Pero ahora veo que no era cierto, que la herida seguía abierta muchos meses después.

—Lo más increíble es que lo volvería a hacer si tuviese

la oportunidad —asegura Bob convencido, como el mayor idealista de todos los tiempos.

PABLO SCARPELLINI

Pablo
Scarpellini,
reportero
de guerra
urbana

erré los ojos frente al televisor, indiferente. Y llamaron y llamaron alarmados pero no quise hacer caso hasta que toda aquella orquestación alcanzó su punto álgido. Después de ocho meses en Nueva York, la vida podía pasarme por delante y a mí poco me importaba. Reconocía la derrota prematura en una ciudad de esquemas complejos y abrasadores, apasionante pero desapasionada, diseñada como la obra cumbre del ser humano, la suma de todas las voluntades nacionales, las ambiciones y los egos monstruosos, la escultura perfecta en sus formas, pero fría e impasible pese a los intentos de ternura.

Pensé que no era mi área, que jamás me dejarían meter mano en semejante historia —enfrentamientos internos con el área local de mi periódico— y con la almohada conveniendo cualquier nueva posición preferí esperar a mejor oportunidad que lo que parecía un incendio en un rascacielos con medio ojo abierto y el otro cerrado.

No sabía que se quemaba el mundo hasta que el segundo impacto entró de lleno en la televisión. Me sentí como una mierda por mi falta de velocidad y me metí en la ducha dejando atrás un montón de ropa desperdigada por el suelo.

Salí por la puerta asustado, corriendo, sin saber si acercarme al mirador de Brooklyn Heights en busca de unas fotos y una perspectiva real del asunto, o meterme en el metro de una.

Opté por la segunda opción, acelerando el paso mientras por encima de las cabezas del vecindario una amenazadora columna de humo marcaba el rumbo al campo de batalla.

El tren llegó sin vacilar y nunca quiso enterarse de lo que pasaba. Corrió normal por debajo del East River hasta alcanzar la primera parada en Manhattan, la de Wall Street, donde las escaleras mecánicas desembocaban con su habitual lentitud en las puertas giratorias previas a la calle. No había nadie en la primera manzana, una calle gris y torcida, veneciana por su estrecha compostura y delimitada por la copa de dos gigantescos edificios.

Pese a lo afilado, se veía la columna de humo, y al doblar la esquina a la derecha surgió el movimiento, los vendedores ambulantes de perritos calientes quietos en sus puestos mirando hacia arriba, y los ejecutivos varios revoloteando nerviosos en diversas direcciones, sin saber qué hacer ni hacia dónde ir.

Uno de ellos, un hombre moreno, gordo y de pelo corto, le dijo al compañero que se le acercó que la radio decía que un tercero iba para allá. Un tercero viene en camino, esto es increíble, le decía con una mezcla de aplomo y pánico en la voz.

Hacía falta subir unas escaleras para encontrarse con la rara estatua de Picasso al pie del parque del edificio del Chase Manhattan Bank, enfilada en dirección hacia la base de la columna de humo, pero sin que la punta de las Gemelas se dejase ver aún.

Unos 200 metros más adelante se distinguía el final para los civiles. Era un agente de policía sujetando una barrera de curiosos aterrorizados que veían gente cayendo al vacío. Ninguno decía nada, pero se percibían los gestos y las angustias.

Pasaron quizá 30 segundos, lo suficiente para ver el

lateral del gigante herido, soltando humo hacia arriba con violencia pero sujeto al suelo, inamovible.

Miré hacia arriba concentrado en enfocar la historia, en llegar hasta la base del edificio para verlo mejor, para entrevistar a un par de bomberos. Pero llegué demasiado tarde. En cuestión de un instante todo se vino abajo. El estruendo apoteósico inicial dejó paso a un terremoto de magnitud incalculable y a una estampida general. Me quedé sordo mirando, sin querer correr porque aquello resultaba inverosímil. Desperté de mi fantasía de primer mundo de que en Nueva York nada malo podía ocurrir, de que el poder era intocable, y que esas torres jamás se vendrían abajo por un incendio o un atentado.

Un hombre, o quizá una mujer, me dio un golpe en el hombro por intentar huir e hizo volar mi libreta de notas. Seguía mirando hacia arriba, atónito, dos segundos tal vez, hasta que me di la vuelta y salí por piernas con el resto de la marabunta. Todos gritaban y el pánico era el denominador común, el correr delante de algo que nadie pudo imaginar hasta que lo tuvo encima.

Fue una carrera corta pero desordenada, de adrenalina y sangre, pisotones y lamentos. Una mujer con un traje de chaqueta se vino al suelo junto a mí, tropezando con una multitud y tal vez con su falda corta y estrecha. Pude haberme parado para agarrarla como dicen que hacen los corredores veteranos en Pamplona cuando alguien se les cae delante en pleno encierro de San Fermín, pero tenía demasiado miedo y pasé de largo en busca de un carril por donde finalmente poder liberarme y esprintar.

Fue doloroso porque sólo unos pocos llegaron a la meta, o

lo que parecía la meta, el cruce con la siguiente intersección y la posibilidad de esconderse de la muerte en la esquina. Las que gritaban como llegadas al final de sus días se quedaron atrás, enterradas ya por el polvo, y unos pocos hombres, los más rápidos, subieron las escaleras anchas de granito que daban a la gran plaza previa al Chase Manhattan Bank.

Con el ruido por detrás y la sensación del deber cumplido, me di la vuelta en la plaza para ver lo que no esperaba: una nube gris envolviéndose una y otra vez sobre sí misma, de unos 50 metros de altura, inmensa, aterradora, despiadada. Fue obvio entonces que no corrimos bastante para dejarla atrás, que nadie fue capaz de medir su intensidad.

El momento previo evocaba escenas de otras escenas, de otras épocas, cuando los grandes incendios o las olas que tumbaban el coliseo en llamas o el Poseidón resultaban sobrecogedoras y hasta divertidas en una pequeña Telefunken en blanco y negro.

Estar allí abajo fue la experiencia negra de mi vida, viendo como se nos debilitaba el gesto a todos los que allí esperábamos, sin querer poner cara de pánico ni gritar. No había tiempo.

El polvo descendió como en una tormenta de arena y el cuerpo central de la nube escupió una bocanada que se tragó la plaza entera. Dejamos de existir durante unos instantes y los gritos y los comentarios desordenados desaparecieron para dejar paso a un silencio que invadió la esfera.

Todo se volvió tan negro que parecía el fin del mundo, pero de verdad, un fin del mundo bombardeado y terminado a conciencia, sin resquicios. Desde esa parte del planeta, en milésimas de segundo, uno podía visualizar todas las caras de su disco duro e imaginar que habría sido de ellos después de tan siniestro final, contemplando un apocalipsis global, con Nueva York como pista central de un circo definitivamente extinguido. Me acordé de mi padre y le pedí perdón por la torpeza de no haber estado más despierto desde la mañana, cuando me advirtieron varias llamadas telefónicas. Supuse que sería el que más lo lamentaría, al que el tormento lo hubiera sacado de quicio.

Pensé de forma automática en eso porque me daba vergüenza estarme muriendo como un idiota, sin poder respirar y atrapado por una nube inmensa a la que podría haber engañado de haber corrido un poco más. No fui el único que pensó que se moría. De mi izquierda surgió una mano que me agarró el brazo sollozando en busca de ayuda. Era una mujer, probablemente negra por la voz, el acento... probablemente digo porque no podía verla ni siquiera a medio metro de distancia. Sólo sé que se agarró a mí como si fuese su última esperanza. Supongo que tuvimos esa sensación de que al menos moriríamos juntos. Consuelo de tontos.

Navegamos durante un par de pasos sin dirección clara, sumidos en esa clase de oscuridad que se vivía a veces en mi casa en Madrid, cuando dormidos y desorientados, mi hermano Jorge y yo intentábamos salir del cuarto con las persianas herméticamente cerradas en dirección al baño a las tres de la madrugada.

Me dijo rompiendo a llorar que tenía asma y que no podía respirar, pero yo le di ánimos y le dije que de ninguna manera, que saldría adelante aunque ni yo mismo me lo creía.

Me soltó y apoyé las manos sobre las rodillas, como esperando un rebote desde la línea de tiros libres en una cancha de baloncesto bombardeada de Srebrenica. Trataba de concentrarme en que me llegase algo de oxígeno, mas la misión resultaba imposible. Noté como se me colaba porquería en cantidad hacia los pulmones, sin filtro alguno, como la pulpa de un zumo de naranja en un colador viejo, y supuse que un par de bocanadas más bastarían para tumbarme.

Respiré unos segundos más como una aspiradora con la bolsa llena, hasta que la oscuridad cedió y dejó paso a una neblina gris que comenzó de abajo a arriba, parecido a una mañana invernal de poca luz. Volvió a entrar algo de aire. Surgieron de nuevo las voces y con una petición de indicación a gritos llegué hasta las columnas previas a la entrada del edificio del Chase. Me quedé apoyado hasta que vi un poco más lejos a alguna gente que se refugiaba dentro del edificio, a través de unas puertas giratorias.

Empujé fuerte para moverlas porque la densa capa de polvo en el suelo ya no permitía que corriesen con soltura. A pesar de que no hacía ni dos minutos del colapso, ya había un nutrido grupo de personas tirados en el suelo de la entrada, llenos de polvo hasta las orejas, tumbados como en un campo de guerra.

Me acerqué hasta los ascensores con la idea de irme hacia las oficinas en busca de un lavabo para aclararme los ojos y las ideas, pero la idea de otro terremoto como ese, por lo que le quedaba de vida a la Torre Norte, me hizo rectificar.

En ese mismo pasillo otras mujeres entraban bañadas en escombros, llorando y con los ojos llenos de residuos y

polvo. No sabían muy bien hacia dónde ir, ni qué hacer.
La gran mayoría del personal buscaba el fondo de la gran
recepción, donde al final había unas escaleras mecánicas que
iban hacia el sótano y guardadas por un hombre vestido de
uniforme, de seguridad quizá.

Fue demasiado pronto para que alguien anduviese dando
instrucciones de emergencia o evacuación, como si toda esa
paranoia colectiva hubiese sido planeada al detalle. A pesar
de eso, casi todo el mundo siguió sus instrucciones y descendieron hacia la planta baja, donde a la izquierda había otras
puertas giratorias que daban a la calle.

La mejor idea parecía salir, aunque otros prefirieron per-
derse por la galería subterránea y quedarse allí respirando el
humo concentrado. Hubo debate entre caras nuevas que se
acababan de conocer y entre repentinos expertos que reco-
mendaban la mejor opción. Para mí lo único claro en ese
momento es que faltaba una de las Gemelas por desplomarse
y que desde allí abajo no sabía ni en qué dirección quedaba.
Después de vivir la primera, no estaba por la labor de tra-
garme la segunda.

No fue un pánico financiero de empujones y sudores
fríos como los que vivió Wall Street a lo largo de su historia,
sino más bien un río compacto de fugitivos en un día que se
volvió oscuro y confuso de repente. Pasamos del sol radiante
de la mañana a una tenebrosidad traicionera que dejó pasó
a un segundo amanecer de mediodía, de colores forzados.
Dentro del edificio del Chase todo se volvió de un anaranja-

do turbio, que contrastaba con el gris falso de la calle, como en una nevada escasa pisada mil veces por los autobuses del colegio.

El horror alteró todo menos las conciencias. Cerca de las puertas giratorias, varios de los que se refugiaban en el edificio comenzaron a golpear los cristales de una cafetería cerrada a cal y canto pero con las luces encendidas. Un tipo dentro barría como si la tragedia no fuese con él, ajeno a las súplicas de los que necesitaban agua o entrar a usar el baño. Nada parecía haber cambiado. Todo seguía siendo muy neoyorquino, rozando lo macabro.

Unos metros más allá una señora salió de un portal, impoluta y con una botella de agua en la mano. Se la dio a un tipo que pasaba cubierto en escombros sin dudarlo, aunque tampoco hizo ademán de interesarse más de la cuenta por su estado.

Le pedí desde lejos, mientras se alejaba, si me podía indicar el camino hacia el río, pensando quizá que conocía las calles enrevesadas de la única parte difícil de descifrar en Manhattan, el distrito financiero.

Me dijo que la primera a la izquierda y la primera a la derecha. Fácil. Desemboqué de inmediato en la única calle ancha que antecedía la salida al río, aliviado por ver a una mayoría en la misma dirección. Caminaban deprisa pero sin atropellarse, en el mismo sentido, cada uno con una cantidad de su atuendo cubierta en cenizas, asustados casi todos.

Me paré para ver lo que hacía un grupo de hombres junto a una caja de cartón. Empezaron a sacar gafas de sol de contrabando, que probablemente un inmigrante africano había estado vendiendo hasta que se le vino la torre encima. Sólo habían pasado cinco minutos desde el derrumbe y ya había gente robando gafas de plástico de cinco dólares, lejos de andar preocupados del estado del segundo edificio. Fantástico.

Alguno miró hacia arriba en dirección norte y dijo que allí estaba lo que quedaba de la gemela, aunque en realidad no se veía más que polvo gris.

Dejé atrás a los oportunistas y me acerqué al río, donde por fin se respiraba aire de verdad pese al olor a pescado de los muelles. Me paré y dejé mi mochila en el suelo, intentando recapitular, cubierto en porquería y con los ojos enrojecidos por la irritación.

Debía de tener un aspecto lamentable, con las greñas petrificadas, porque una pareja se acercó a mí y me ofreció su botella de agua. La acepté con rapidez y les pedí que me la echaran por la cara para volver a ver con claridad. Me sequé con un pañuelo prestado y me soné la nariz, descolocado un tanto al ver que el color de aquello era gris, como cemento líquido. Empezaba a soltar la basura que había estado respirando y pensaba que al menos lo había podido contar.

Unos minutos después, junto a una manifestación incalculable de personas, caminé por la rampa de incorporación al puente de Brooklyn en sentido contrario al horror, buscando un teléfono para mandar la primera crónica del día a Madrid. Ya eran miles los que tenían claro que había que alejarse lo más posible aunque su casa quedase en otra dirección, sin importarles en absoluto el resto del día.

En medio de la pronunciada curva de incorporación al puente se oyó un rugido familiar y todos supimos que la segunda se venía abajo. Se rompió la marcha y algunos se quedaron clavados pensando en volver, mientras otro grupo por delante corría para dar el giro y avanzar por el puente.

Pensé que no me daba tiempo y me quedé parado, viendo la nube avanzar a lo lejos en cuestión de segundos. Había que transitar unos 200 metros en un ángulo de 180 grados. Decidí correr hacia delante, pero la duda me hizo perder unos instantes, suficientes como para tragar escombros de nuevo, los de la cola de la onda expansiva del derrumbe. Ya sabiendo lo que era, cerré la boca y los ojos y aceleré hasta que me vi fuera de la nube, consciente de que ésta me había pillado mucho más lejos. Algunos a mi lado no hicieron ni esfuerzo por correr, como si hubiesen estado en esas muchas otras veces, impasibles.

La salida de Manhattan fue una gran marcha pacífica y silenciosa. Sólo el paso de algunos coches oficiales rompió la estructura del grupo, que desfilaba a un ritmo continuo.

Ya en la parte descendente del puente, superado el segundo arco de piedra, me acerqué a una señora de muy buen aspecto con un traje de chaqueta gris de los caros, manchado de polvo en los hombros. Caminaba descalza sobre sus medias con el único zapato superviviente en una mano y un maletín en la otra.

Le pregunté que qué le había pasado, que cómo lo había vivido, buscando declaraciones para añadirlos a la crónica. Pensé en la gente de Diario 16 y me moría de ganas por llamar y contarles que lo había visto casi todo pese a haber llegado un poco tarde.

Fue con los primeros con los que hablé después de varios intentos a cobro revertido. Me dijeron que me habían intentado llamar varias veces, pero que había sido imposible conectar. Me pidieron una crónica a doble página en primera persona y me puse a ello, con un lápiz y una libreta sobre la cama —no tenía ordenador en casa—, inquieto por el poco tiempo que tuve para llamar y dictar.

Marta Rodríguez, una antigua compañera de Sociedad, me agarró la llamada y lo terminamos en un rato. Paseé inquieto y descalzo por mi minúsculo apartamento con el teléfono en la mano y dictando.

Lo increíble es que al rato de terminar, el subnormal del vecino de abajo llamó a la puerta encabronadísimo, pidiendo explicaciones por mis paseos nerviosos que hacían crujir la madera. Le mandé a hacer puñetas, impresionado por la cantidad de lunáticos que habitan en esta ciudad, capaces de echarse una siesta de pijama y gorro en medio de una crisis atronadora.

Me pidieron más información desde Madrid y conseguí datos llamando por teléfono, recopilando más detalles de lo que recordaba, escuchando el desenfreno de las cadenas de televisión norteamericanas.

Después conecté con mi diario en Nueva York, "Hoy", para largarles a ellos otra crónica de lo mismo, del horror vivido allí abajo.

Cayó el telón del cierre y me pude dar una ducha —o unas cuantas, para sacarme el monumental enredo de mi pelo, siempre demasiado largo—. Conseguí hablar con mi padre y comenzó el baile de llamadas interesándose por mí, pero yo no estaba para muchas leches en ese momento y preferí irme a la calle a ver qué estaba pasando, a por más información.

Me acerqué al hotel más grande de la zona donde parecía haber mucho movimiento en la entrada. Al parecer, habían instalado un hospital de emergencia y entré para ver qué pasaba. Me sentaron en una silla y una amable señora de Florida, de unos 40 y tantos años y piernas rollizas que rellenaban ostensiblemente sus pantalones bermudas, me echó un vistazo y unas gotas en los ojos mientras me contaba su historia.

Me sacó tierra en cantidad y tras charlar con otros pacientes, libreta en mano, regresé al teléfono y a la televisión para estar seguro de no estarme perdiendo nada. Se me cerraron los ojos hasta que volvió a sonar el teléfono. Era la Cadena Ser. Hablé con Carlos Llamas a eso de las ocho de la tarde y le conté calmado lo que me hubiera gustado recordar con más claridad unas horas antes para Diario 16. Fue casi un monólogo repasando aquello, una charla agradable con la madrugada española, el primer momento de calma de un día muy jodido.

Al día siguiente tocaba entrar a machete hasta las tripas del asunto, volver al punto donde había estado 20 horas antes. El problema era que ya no se podía, y perdida la posición de privilegio, no quedaba otra que lloriquearle a los policías en cada punto de control.

Bajé con Liliana Martínez, la periodista con la que vivía desde hacía unos meses, y juntos afrontamos cada punto de control de este a oeste hasta que acabamos en el río Hudson con el resto de periodistas que habían llegado horas antes enviados con el propósito de colarse hasta abajo.

Era el mismo punto donde se acumulaban vecinos evacuados de la zona en busca de información sobre sus cosas y sus mascotas abandonadas. Habían dormido en los apartamentos de sus familiares o amigos y a la mañana siguiente regresaban para ver qué había sido de su vida en sus residencias semidestruidas por el vendaval de escombros.

Dentro de la garita del muelle, en un punto donde había unos cuantos camiones de mercancías aparcados, esperaba un nutrido grupo de periodistas de todas partes del mundo, algunos de vacaciones en Nueva York, que lo habían dejado todo para mandar algo a sus respectivos medios.

Comenzaron los rumores sobre la formación de un grupo a dedo de algunos a los que se les permitiría bajar hasta la recién estrenada zona cero. Se nos abrió el cielo tras más de cuatro horas de espera sentados en una acera del muelle. Todavía quedaba tiempo para mandar algo a mi periódico y alguna posibilidad de colar algo en España, donde la mayoría de los medios hacían largas guardias a la espera de lo que llegase de Nueva York.

Lo del presunto grupo duró más de lo anunciado inicialmente y cada vez quedábamos menos por allí. Aprovechamos para hacer la historia de las mascotas y los reclamos de los vecinos hasta que en una esquina y sin avisar a todo el mundo, un tipo avisó de que bajaba y que se le pegasen unos cuantos. Me colé en el grupo y caminé entusiasmado pegado al río, con la adrenalina a tope y controlando la euforia, pensando que por fin llegábamos más cerca de la noticia.

Al final no fue para tanto porque sólo nos dejaron avanzar unos 800 metros hasta el último punto de control guardado por el Ejército. De ahí para abajo ya no pasaba nadie que no llevase un uniforme.

Sin embargo, significó el comienzo de una aventura de serpenteos por calles abandonadas paralelas al nuevo punto de control, por donde teóricamente no se podía pasar, pero por las que circulaban figuras fantasmagóricas que se cruzaban muy de vez en cuando.

Desde el nuevo puesto estratégico para periodistas se veía por primera vez el enorme agujero de cielo que había quedado tras los derrumbes. Los edificios contiguos parecían mordidos por la metralla del atentado, sosteniéndose entre una nube densa de polvo.

A la derecha estaban ya instalados las camionetas de varias estaciones de televisión y radio extranjeras, atentos a los portavoces policiales que se acercaban hasta allí para dar el último parte de muertos y rescatados.

Desde ese mismo lugar, el periodista de El Mundo Julio Anguita —muerto dos años después en Irak— hizo algunas crónicas para Telemadrid, un par de días antes de que me tocase a mí darle el relevo en un estreno a trompicones para la televisión en directo. No lo vi en todos esos días que anduve deambulando por las calles del bajo Manhattan, pero supe por colegas en Madrid que estaba mandando unas historias a su altura, cojonudas.

Estando por aquellos andurriales, pude hablar con periodistas llegados de medio mundo y compartir una de las noches más intensas en otro control ubicado a cinco manzanas de la zona cero, hablando con bomberos, médicos, curas y todo lo que desfilaba por la calle Church de vuelta a sus casas.

Habían instalado un enorme foco unos metros más abajo y se veía el esqueleto de la Torre Sur al final, escalofriante a las 3 de la mañana, con el One Liberty Plaza a la izquierda tiritando por los rumores que decían que se venía abajo. Una compañera de un canal de televisión de Chicago me regaló una máscara de papel porque me vio tosiendo y charlamos un rato antes de que una productora de televisión de Miami me pidiese una pequeña entrevista contando cómo había sido ver el desplome de las torres en vivo.

En ese pequeño reducto donde el tiempo pasaba minuto a minuto, compartimos batallitas de los últimos días e intercambiamos tarjetas sabiendo que nunca más nos volveríamos a ver.

Me volví a casa esa noche con la intención de cruzar a pie el puente de Brooklyn una vez más, pero el policía que lo custodiaba se apiadó de mí y paró al primer coche que pasó. Era un agente del FBI en un coche negro, y me dijo que las cosas allí abajo eran peor de lo que cualquier periodista podía imaginar, que no habían encontrado a nadie con vida y que veía difícil que pasase en los días siguientes. Dijo lo que quiso contar en el minuto que tardó en llegar a Brooklyn, sin sentir que yo lo entrevistaba aunque ya había visto la acreditación que colgaba de mi cuello. Nos despedimos y caminé hasta mi casa. Eran las cinco de la mañana.

El 11 de Septiembre se acabó para mí una semana después, cuando tuve que volver al periódico a ocuparme de las páginas de Negocios, que eran lo mío antes de que ocurriesen los atentados. Me mandaron a Atlanta a cubrir una absurda conferencia de cámaras de comercio hispanas a la que no asistió ni la mitad de los convocados, intentando obviar lo imposible en reuniones de negocios sin sentido.

Tuve tiempo de ordenar mis ideas y analizar lo que hice y lo que no hice, de autoflagelarme un rato, y me sentí triste porque me hubieran sacado de Nueva York en un momento como ese.

Supongo que seguí preguntando por aquella tragedia porque me quedaron ganas de saber más, de haberme metido hasta las tripas o porque todavía, de vez en cuando, me acuerdo de aquella oscuridad.